원서발췌

예술에 대한 글쓰기

## 고전 명작을 읽는 가장 쉬운 길,
## '지식을만드는지식 원서발췌'

축약, 해설, 리라이팅이 아닙니다. 원전의 핵심 내용을 문장 그대로 가져옵니다. 작품의 오리지낼리티를 가감 없이 느낄 수 있습니다.
두껍고 읽기 어려워 책장을 덮어 버리곤 했던 고전을 발췌합니다. 해당 작품을 연구한 전문가가 작품의 정수를 가려 뽑아냅니다. 핵심만 읽기 때문에 더 빠르게 더 많은 고전을 읽을 수 있습니다. 제외된 부분은 중간중간 친절하게 요약 설명합니다. 풍부한 해설과 주석으로 전체 내용을 파악하는 데 무리가 없습니다. 정확한 번역, 적절한 윤문으로 10대에서 80대까지 누구나 쉽게 읽을 수 있습니다. 콤팩트한 사이즈와 분량이므로 간편하게 휴대할 수 있습니다. 수천 쪽의 고전을 발췌된 내용으로 읽고도 전체 의미를 파악할 수 있는 것이 지식을만드는지식 원서발췌의 매직입니다. 발췌율은 표지에 표시하고 발췌 방법은 일러두기에 상세히 밝힙니다.
고전 독자를 발췌 읽기에서 완역 읽기로, 더 나아가 원전 읽기로 안내합니다. 바쁜 현대인들에게 새로운 고전읽기 방법을 제시합니다.

# 원서발췌
# 예술에 대한 글쓰기

Écrits Sur L'art

에밀 졸라(Émile Zola) 지음
조병준 옮김

대한민국, 서울, 지식을만드는지식, 2025

## 편집자 일러두기

- 이 작품은 《Mon Salon, Manet. Écrits Sur L'art》(Garnier-Flammarion)를 저본으로 삼아 번역했습니다.
- 발췌 분량은 전체의 약 25% 정도입니다.
- 지은이가 작성한 주석은 '지은이 주'로 표시했고, 옮긴이가 작성한 주석은 따로 표시하지 않았습니다. '편집자 주'는 저본의 편집자가 작성한 주석을 뜻합니다.
- 외래어 표기는 현행 한글어문규정의 외래어표기법을 따랐습니다.
- 이 책은 2008년 12월 15일 한정판 '고전선집' 시리즈로 처음 출간했습니다. 2012년 1월 20일 표지를 바꿔 '천줄읽기' 시리즈로 다시 출간했다가 이번에 '원서발췌' 시리즈로 옮겨 출간합니다.

# 차례

# 어떤 자살

* 이 글은 1866년 4월 19일자 〈레벤망〉에 실렸던 기고문이다(편집자 주).
'레벤망(L'événement)'이란 '사건'이라는 뜻이다.

친애하는 빌메상(Villemessant) 선생님, 귀하께서는 올해의 미술전과 관련하여 〈레벤망(L'événement)〉의 독자들에게 우리의 미술가들에 대해서 말할 수 있는 기회를 내게 부여하셨습니다. 나는 이 막중한 임무를 기쁘게 받아들였습니다. 이제부터 나는 중요하면서도 끔찍한 진실들에 대해서 말하기로 작정했기 때문에 분명히 많은 사람들을 불만스럽게 만들 것입니다. 하지만 내 가슴속에 쌓여있는 모든 분노를 털어놓으면서 나는 내적인 쾌락을 맛보게 되겠지요.

선생님께서는 내게 소신껏 하라고 말씀하셨지요. 그래서 나는 진정한 예술인으로서 거침없이 말하려 합니다. 며칠 뒤, 미술전 개막식 전에, 나는 나의 신조 표명과 함께 예술적 시점에 대한 생각을 간략히 적어서 귀하께 보낼 생각입니다.

오늘 나는 슬픈 임무를 내 자신에게 부여했습니다. 나는 여기서 며칠 전 권총으로 자신의 머리를 날려버린 어느 화가에 대해서 말해야 한다고 생각하는데, 왜냐하면 제 동료들 중 아무도 그의 자살에 대해서 말하지 않을 것이 확실하기 때문입니다

소문에 의하면 심사위원들이 낙선을 시킨 어느 예술가가 자살했다고 합니다. 나는 이 불행한 화가가 자살한 아

틀리에를 보고 싶었습니다. 그곳의 주소를 알아낸 나는 조금 전까지 마룻바닥에 아직도 불그스레한 자국이 커다랗게 남아 있는 그 을씨년스런 방을 둘러보다 나왔습니다.

선생님께서는 그곳으로 대중의 관심을 끌어들이는 것이 바람직하다고 생각지 않으십니까? 첫 번째 기고부터 죽음의 문제를 다룬다는 사실 때문에 내 기분도 꽤나 씁쓸합니다. 나는 대중의 환호와 찬사를 받는 사람들, 자기들의 작품이 찬란한 조명을 받으며 전시되어 있는 그런 사람들을 생각해 봅니다. 동시에 아무도 없는 자신의 아틀리에에서 밤새도록 작별 인사를 쓰며 자살을 준비하던 그 가련한 사람을 떠올려봅니다.

분명히 말씀드리건대, 내가 짐짓 감상에 젖어보려는 것이 아닙니다. 나는 비통한 심정으로 그의 집 문을 두드렸고, 자살한 사람의 가정부로 보이는 여성이 문을 열어주었을 때, 그리고 그 여인에게 몇 마디 물어볼 때, 내 목소리는 떨렸습니다.

아틀리에는 작지만 제법 호화롭게 치장되어 있었습니다. 입구의 오른쪽엔 커다랗게 짠 떡갈나무 찬장이 놓여 있었습니다. 방의 구석마다 다른 가구들이 놓여 있었는데, 그것들 역시 떡갈나무로 만든 패널과 서랍이 달린 일종의 궤 같은 가구들이었습니다. 이 모든 가구들은 두 개의 붉은색 도장이 찍힌 채 고정되어 있는 한 가닥 끈으로 묶여 있었습니다. 이곳에서 갑작스럽게 사람이 죽었다는 것을 알게 해주는 부분이지요.

오른쪽에는 낮고 납작한 침대가 놓여 있는데, 그것은 매우 좁은 일종의 휴식용 장의자 같았습니다. 바로 그곳에서 그가 발견되었는데, 박살난 채 매달려 있는 머리는 자는 듯 보였다고 합니다.

권총은 그의 손에서 떨어지지 않은 채였습니다.

나는 그의 이름조차 알지 못합니다. 나는 그에게 재능이 있었는지 알 수 없었으며, 지금도 알 수 없습니다. 싸우는 데 신물이 나서 세상을 떠나가 버린 그 사람을 나는 감히 평가하지 않을 것입니다. 벽에 걸린 네댓 점의 그의 작품을 보기는 했지만 나는 그것들을 비평가의 눈으로 바라보지 않았습니다. 미술전에서 나는 엄격하고, 어쩌면 가혹하기까지 할 것입니다. 하지만 이곳에서 나는 그저 동정적이며 감동적일 수밖에 없습니다.

그 예술가는 독일계였으며, 그의 작품이 그것을 느끼게 해주고 있습니다. 그것들은 샤를 백삭쿵의 작품들로 한창때의 중세의 역사적 장면들을 담고 있습니다. 작업대에는 하얀 캔버스가 하나 놓여 있었는데, 그것은 연필로

스케치한 상태에서 완전히 멈추어버린 것이었습니다. 의심할 여지없이 그것이 그의 마지막 작품일 것입니다. 그 화가는 그 미완성의 작품 앞에서 자살을 했습니다.

물론 나는 심사위원들의 불합격 결정이 이 불행한 사람의 유일한 자살 동기였을 것이라고 확신하지 않습니다. 자살이라는 최후의 순간을 맞이한 인간의 영혼을 들여다본다는 것은 어려운 일입니다. 쓰라린 고통들이 서서히 누적되다가, 그것들 중 하나가 죽음을 결심하게 만들지요.

사람들의 말에 의하면 그 화가는 온화한 성격의 소유자였으며, 그래서 그에게서 어떠한 슬픈 기색도 알아챌 수 없었다고 합니다. 그는 제법 재산도 있었고, 그래서 아무런 걱정 없이 작업에만 몰두할 수 있었을 것이라는 겁니다.

사실상 나는 이 남자를 몰아세우고 싶지 않습니다. 내가 화가라면, 그래서 내가 내 동료들을 미술 전시장 밖으로 내모는 결정을 했다면, 그날 밤 나는 악몽에 시달릴 것입니다. 나는 자살에 대한 꿈을 꿀 것이며, 내가 확실하게 그의 죽음에 일조했다고 생각할 것이며, 비록 이 예술가에게는 우리가 모르는 슬픔이 있었을지라도 나 자신이 조금만 관대했더라면 이런 처참한 종말은 막을 수 있었을 것이라는 끔찍한 생각으로 머릿속이 가득 차 있을 것입니다.

귀하께서는 틀림없이 이 사건으로부터 내가 하나의 교훈을 이끌어내기를 원하시겠지요. 하지만 오늘은 그 교훈을 제시하지 않겠습니다. 왜냐하면 그렇게 하면 내가 〈레벤망〉에 기고를 준비하는 기사들과 중복이 될 것이기 때문입니다.

나는 단순히 독자들의 눈에 하나의 사실을 제시하기 위해서 이 편지를 썼을 뿐입니다. 나는 올해 심사위원의 자격을 부여받은 분들에게 대항하기 위해 내가 할 수 있는 만큼 최대한 강력하게 소송 문안을 작성할 것입니다.

이제 나는 그들과 싸워야 할 힘겨운 소송거리가 생긴 겁니다.

클로드

나는 가명으로 이 기고를 신행하기로 빌메상 씨와 결정한 바 있었습니다. 이미 내 이름의 기사가 이 신문에 거의 매일 게재되고 있었기 때문에, 나는 같은 신문에 내 이름이 두 번씩이나 나오는 것을 원하지 않았습니다.

나는 내게 너무나 익숙했던 그 가면을 벗지 않을 수 없게 되었습니다. 장터에는 마르탱이라 불리는 당나귀가 많은 것처럼 예술비평계에는 클로드라는 이름이 많습니다. 〈어떤 자살〉이라는 나의 기사 때문에 진짜 클로드란 이름을 가진 분들이 자신의 평판이 나빠질까 봐 걱정하셨을 겁니다. 그래서 나는 지금 우리의 독자들께 여론 앞에서 심사위원단을 고발하겠다는 대담한 생각을 한 것은 그들이 아니라는 것을 알리기 위해서 이 글을 쓰는 겁니다.

내가 혁명가 클로드는 바로 나라고 큰소리로 고백을 했으니, 모두들 안심하시길.

드디어 모든 클로드 선생님들이 안도를 하시는군요!

에밀 졸라

# 나의 살롱

* '살롱(Salon)'이란 생존 예술가들의 정기적인 미술전이나 그런 미술전의 작품 비평을 말한다.

# 내 친구 폴 세잔에게

나는 자네와 단둘이 나누는 대화에 한없는 기쁨을 느낀다네. 자네는 조금 전 내가 대중과, 안면부지의 사람들과 논쟁을 벌이는 동안 얼마나 힘들어했는지 모를 거야. 사람들은 나를 거의 이해하지 못하고 있고, 나는 나를 둘러싼 증오를 예감하기에 때로는 너무나 의기소침해져서 손에서 펜을 놓곤 하지.

나는 오늘 우리가 10년 동안 함께한 즐거운 한담들 중의 하나로 내적인 쾌락에 젖어볼까 하네. 내가 이 몇 쪽의 글을 쓰는 것은 자네 단 한 사람만을 위한 것이고, 자네는 이 글을 마음으로 읽을 것이며, 그래서 내일이면 자네는 더욱더 애정 어린 마음으로 나를 좋아하게 될 테지.

모든 갈등에서 벗어나 보이지 않는 어느 귀퉁이에 우리 단둘이 앉아, 마음속 깊은 곳까지 속속들이 서로를 알고 단 한 번의 눈길만으로도 서로 이해하는 오랜 친구로서 한담을 나누는 우리를 상상해 보게나.

우리가 예술과 문학을 이야기한 지 10년이 흘렀네. 자네도 기억하는지 모르지만 우리는 종종 함께 지내면서 열

띤 논쟁을 하고, 지나간 과거를 파헤치며 현재에 대해 의구심을 토로하기도 했고, 진실을 규명하면서 확실하고 완벽한 종교를 만들어보려고 노력하다가 날이 밝아버린 데 놀란 적도 한두 번이 아니었지. 우리는 엄청난 양의 견해를 주고받으며, 모든 체제에 대한 검증을 해보는 동시에 그것을 거부하기도 했으며, 그리고 어느 날인가는 격렬한 논쟁을 벌인 후, 강하고 개성적인 삶 말고는 거짓과 어리석음만이 있을 뿐이라고 스스로에게 다짐하기도 했지.

추억을 가진 자들은 참으로 행복하지 않은가! 내 인생에 있어서 뮈세가 말한 창백한 청년의 모습을 자네에게서 떠올린다네. 자네는 내 청춘의 모든 것일세. 나의 모든 기쁨 속에, 나의 모든 번뇌 속에 자네가 녹아 있지. 우리의 우정 속에서 우리의 사고는 나란히 발전했어. 시작 첫날인 오늘, 우리는 서로의 육신과 정신에 스며들어 있기에 서로에 대한 신뢰를 가지고 있어.

우리는 고립되어 거의 비사교적인 우리만의 그늘 속에서 우리의 사고 안에서 즐기며 살고 있지. 지나치게 호의적이고 가벼운 무리 속에서 어찌할 바를 모르고 말이야. 우리는 모든 것에서 인간을 찾아 헤매왔고, 화폭이 되었든 시가 되었든 간에 각각의 작품 속에서 개성적인 특징을 추구해 왔네. 우리는 단언하건대 거장들, 천재들은 모든 작품에 하나의 세계를 창조하는 창조자들이며, 우리는 그들의 계승자들, 창조성이 결핍된 사람들, 그래서 그 작업이란 것이 거장들과 천재들이 만든 창조의 세계를 훔치거나 독창성의 초보적 단편에 지나지 않는 그런 사람들을 거부해 왔지.

우리는 우리도 인식하지 못한 채 일종의 혁명가였다는 사실을 자네는 아는가? 우리가 10년 동안 아주 낮은 목소리로 말했던 것을 이제는 큰소리로 말할 수 있어. 논쟁의 소음이 자네에게까지 들리지 않았나? 또한 우리의 소중한 사상에 보여준 환대를 자네도 보았지? 아! 넓게 내리쬐는 태양 아래 프로방스 한복판에서 순수하게 살아온 일종의 광기와 일종의 기만을 품어온 불쌍한 젊은이들이여!

왜냐하면—자네는 부인하겠지만—나는 자기기만의 인간이기 때문이지. 대중은 이미 나를 샤랑통(Charenton)으로 보내려고 수십 벌의 정신병 환자용 구속복을 주문해 놓았네. 나는 내 부모와 친구들만 칭찬하는 바보인데다 심성이 사나워서 스캔들만 찾아다니지.

친구여, 이것은 유감스런 일이고 참으로 슬픈 일이라네. 하지만 역사란 언제나 마찬가지 아닌가? 결국 항상 다른 사람들처럼 말하거나, 아니면 침묵해야 하는 것 아닌가? 혹시 자네는 우리의 긴 대화를 기억하는가? 최소한의 새로운 진실조차 분노와 야유를 유발하지 않고는 밝혀질 수 없다고 우리는 말하곤 했지. 드디어 내 차례가 되어 사람들로부터 야유를 받고 욕을 먹는다네.

그대 화가들은 우리 작가들보다 훨씬 흥분을 잘하지. 나는 시시하고 형편없는 책들에 대한 견해를 솔직히 말했고, 문학계는 나의 그러한 생각들을 그리 심하게 화내지 않고 받아들였지. 하지만 미술가들은 훨씬 민감한 피부를 가졌어. 그들은 내가 손가락만 대도 아프다고 소리를 질러댔지. 한바탕의 소요가 일어났지. 어떤 선량한 젊은이들은 내가 원한을 사게 되는 것을 동정하고 걱정해 준다네. 내 생각에 그들은 내가 대로변에서 목이 졸리지나 않을까 하고 불안해하는 것 같아.

그렇지만 나는 아주 있는 그대로 솔직하게 의견을 말할 뿐이야. 나는 최근에 자신의 30만 독자들에게 보드리(Baudry)[1] 씨야말로 우리 시대 최고의 화가라고 단언한 예술비평가를 알고 있는데, 혁명적인 면에서 난 그 양반과 비교도 안 된다고 생각해. 결단코 내가 그렇게 괴이한 결

---

1) 보드리(Paul-Jacques-Aimé Baudry, 1828~1886). 인물화를 주로 그린 프랑스 화가.

론을 내본 적은 없거든. 잠시지만 나는 그 비평가를 걱정하기도 했어. 누군가가 그의 그런 과도한 열정을 응징하기 위해 그를 죽이려고 그 사람의 침대로 뛰어들까 봐 전율했다네. 들려오는 말에 의하면 그가 납치될지도 모른다고 하더군. 경우에 따라서는 도움이 될 수도 있지만 말할 수 없는 진실도 있는 것 같아.

결국 캠페인은 끝났네. 그리고 대중 때문에 나는 항복하기로 했지. 사람들은 환호하며 비웃고 있어.

나는 대중으로부터 그들의 장난감을 빼앗고 싶지 않았기에, 《나의 살롱》이란 책을 발행한다네. 보름 정도 지나면 소음은 잦아들 것이고, 그들은 내가 쓴 기사의 어떤 막연한 사상에만 열광할 거야. 그렇게 나는 그런 대중 속에서 우스꽝스럽고 위선적인 인물로 성장하겠지. 하지만 전시회가 끝나서 작품들이 사람들의 눈앞에서 사라지고, 〈레벤망〉이 바람에 펄럭이며 배달되면, 내가 하지도 않은 말이 나돌 것이고, 사람들은 내가 결코 만들어낸 적이 없는 아주 바보 같은 말들을 하고 다닐 거야. 난 이런 일이 벌어지는 것을 원하지 않기에, 그래서 나는 클로드란 가명으로 〈레벤망〉에 내가 게재했던 기사들을 모으는 거라네. 나는 《나의 살롱》이 있는 그대로 남기를 희망하며, 대중이 원했던 것 또한 그대로이기를 바라는 것이지.

당시에는 내가 완성할 수 없어서 지우고 삭제했던 부분이 있었어. 나는 거기에 부족했던 분석과 비평을 보충하여 완성했다네. 내가 독자들에게 전달하는 것은 어떤 작품이 아니라, 어떤 면에서 그것은 소송 서류라네.

친구여, 역사는 훌륭하다네. 무슨 일이 있어도 나는 이 글들이 소멸되지 않기를 바란다네. 이 글들은 그 자체로는 대수로운 것이 아니야. 하지만 그것들은 내가 대중을 상대로 시도했던 일종의 시금석이지. 이제 우리는 얼마나 많은 우리의 고귀했던 생각들이 인기 없는 것인지 알고 있지.

이제 다시 한 번 내 생각들을 밝힐 수 있어서 기쁘다네. 그 생각들에는 내 신념이 녹아 있고, 몇 년 뒤면 내가 옳다는 것을 세상 사람들이 인정할 것이라는 것을 나는 안다네. 나는 나중에 그들이 내 면전에서 이 글들을 집어던질 것이라는 걱정은 추호도 안 한다네.

1866년 5월 20일, 파리에서

에밀 졸라

# 심사위원단 1

4월 27일[2)]

1866년의 살롱은 5월 1일에야 개관할 것이고, 그날에야 비로소 나는 내게 할당된 작가들에 대해 비평할 수 있는 권한을 갖게 될 것이다.

하지만 살롱에 작품을 전시하도록 선발된 작가들을 평가하기에 앞서, 나는 심사위원들부터 평가해 보는 것이 좋을 것 같다고 생각한다. 여러분은 프랑스가 얼마나 용의주도한 나라인지 잘 알고 있다. 우리는 정식으로 서명된, 그리고 그 서명을 확인하는 서명까지 있는 패스포트가 없이는 단 한 발자국도 움직이지 않는다. 우리 사회에서 누군가가 공공연하게 자신의 솜씨를 보여주고자 한다면, 그는 그런 행동이 허락되기 훨씬 전부터 권위 있는 분들에게 모든 것을 점검받아야만 한다.

더욱이 예술의 자유로운 표현은 뜻밖의 돌이킬 수 없

---

2) 1866년 4월 27일자 〈레벤망〉 게재 기사(편집자 주).

는 불행을 유발할 수도 있기 때문에, 우리는 성소의 문 앞에 이상이란 특권을 부여받은 경비대를 배치시키고, 그들로 하여금 모든 꾸러미를 조사하여 신전 안으로 유입시키려던 모든 부정한 물품을 제거하도록 하고 있다.

나는 감히 어쩌면 약간 경솔하게 보일지도 모를 하나의 비유를 하고자 한다. 매년 개최되는 살롱이 예술적으로 대단히 매력적이라는 사실을 생각해 보자. 화가와 조각가 개개인은 자기의 작품을 보낸다. 그런데 우리의 위장이 예민하기 때문인지, 사람들은 그토록 다양한 모양과 맛을 지닌 음식물들을 일괄적으로 조리하기 위한 하나의 요리 단체를 선정하는 것이 신중한 처사라고 생각한다. 우리는 소화불량을 걱정하면서, 그 보건행정부 소속의 요리 단원들에게 말한다. “여기 아주 훌륭한 요리 재료들이 있다. 후추는 조금만 넣어라. 왜냐하면 후추는 자극적이니까. 포도주에 물을 섞어라. 왜냐하면 프랑스는 취해서 이성을 잃으면 안 되는 위대한 나라니까.”

이때부터 요리사들이 그 위대한 역할을 해낸다고 생각한다. 우리의 취향에 맞도록 요리를 하기 때문에, 우리의 견해를 반추해 주기 때문에, 우리는 우리가 식충이처럼 질 나쁜 음식을 맘껏 먹지 못하도록 감시해 주는 이 친절한 사람들이 이끄는 대로 따라갈 권리만 지니게 되는 것이다. 여러분이 비프스테이크를 먹을 때, 여러분은 소를 걱정하는가? 여러분은 그저 여러분에게 고기를 너무 익혀 왔거나 아니면 너무 익히지 않고 요리해 온 요리사를 칭찬하거나 비난할 뿐이다.

올해의 살롱이 서기 1866년의 프랑스 예술을 총체적이고 완벽하게 보여주는 것이 아니라는 것은 자명하다. 그러나 그것은 이 민감한 임무를 위해 특별히 임명된 스물여덟 명의 요리사들이 준비하고 조리한 아주 맛있어 보이는 요리임이 분명하다.

오늘날 살롱은 예술가들을 위한 축제가 아니다. 그것은 심사위원들을 위한 것이다. 그래서 나는 차갑고 어슴푸레한 이 긴 전시실의 실질적 주인공인 심사위원들을 먼저 평하고자 하는데, 이들이 만들어낸 이 공간에는 강렬한 조명 아래 온갖 종류의 보잘것없는 초라함과 도둑질한 명성이 모두 전시되어 있다.

얼마 전까지는 예술 아카데미가 하얀 앞치마를 두르고서 반죽을 했다. 그 시절에 살롱은 기름지고 투박한 음식으로 가득 차 있었으며, 언제나 같은 식단이었다. 그래서 이 고전적인 덩어리들, 이 두껍고 두루뭉술한 덩어리들을 삼키려면 어떤 용기가 필요한지, 그리고 그것 때문에 천천히, 하지만 확실히 숨통이 막힐 것이라는 것을 우리는 사전에 알고 있었다.

이 고리타분한 아카데미는 자체적인 요리의 기준이라는 것을 세워놓고, 그것으로부터 단 한 발자국도 물러서지 않았다. 그러고는 시대적 성향이 무엇이든지 간에 대중에게 그저 똑같은 음식만 제공했던 것이다. 착한 대중일지라도 숨통이 막히자 불평을 하기 시작했다. 그들은 호의를 원했고, 시각적으로나 미각적으로 보다 개선된, 보다 가벼운, 그리고 보다 맛있는 요리를 제공받고 싶어 했다.

여러분은 이 고리타분한 요리사인 아카데미가 통곡했던 것을 기억하는가? 우리는 이 요리사가 2~3세대의 예술 작품을 한꺼번에 집어넣고 요리를 하던 냄비를 빼앗아 버렸다. 우리는 그가 신음하도록 내버려 두고는 그의 냄비를 서투른 보조 요리사에게 넘겨버렸다.

바로 여기에서 우리가 자유와 정의의 이름으로 얻어낸 실천적 가치가 파괴된다. 아카데미란 집단에 불만이 높았던 예술가들 스스로가 심사위원단을 직접 선정하겠다고 결정했기 때문이다. 이때부터 그들은 서로의 인맥에 따라 엄격한 심사위원을 선임하기로 했고, 그래서 그들은 더 이상 불만을 토로할 명분을 잃어버렸다. 이것이 바로 그때 결정된 사항이다.

여러분은 모든 화가와 조각가, 모든 판화가와 건축가

들이 심사위원단 선거 통보를 받을 것이라고 상상할 것이다. 그건 여러분이 얼마나 여러분의 조국을 맹목적으로 사랑하는지 보여주는 것이다. 맙소사! 그러나 진실은 슬프다. 나는 심사위원을 꼭 필요로 하지 않는 작가들만이 심사위원을 임명하고 있다는 사실을 공개해야만 하겠다. 이렇게 구성된 심사위원단은 사전에 접수한 작품을 볼 권한이 없기 때문에, 그들은 나처럼 한두 개의 메달을 수여받은 경력이 있는 사람들에게 살롱에 전시할 작품들을 선정하도록 한다. 문제는 이들조차도 별다른 고민 없이 그 임무를 수행한다는 것이다. 하지만 5~6년 동안 계속해서 살롱 문밖으로 쫓겨난 가련한 작가들은 자신의 작품을 심사해 줄 심사위원을 선택할 자격조차 주어지지 않으며, 그래서 그들은 우리가 무관심하게 또는 친분이 있다는 이유로 선정한 심사위원단의 결정에 따를 수밖에 없는 것이다.

나는 이 점을 강조하고 싶다. 심사위원단은 보통선거에 의해 임명되는 것이 아니라, 이미 수상 경력이 있어서 심사가 면제된 예술가들만이 참여할 수 있는 한정된 선거에 의해 구성되고 있다. 대체 보여줄 메달이 없는 사람들을 위한 보장은 무엇이란 말인가? 젊은 예술가들의 작품을 심사하고 수용하는 임무를 지닌 위원단을 만들면서, 어떻게 그 위원회의 위원들은 더 이상 심사를 필요로 하지 않는 사람들에 의해 임명되도록 한단 말인가? 선거에 소환되어야 할 사람들은 알려지지 않은 인물들, 숨겨진 일꾼들이어야 한다. 그래서 그들이 대중의 관점에서 예술가들을 이해해 주고 또 수용할 수 있을 심사위원단을 구성하도록 해야 한다.

선거에 관한 이야기는 내가 확신하건대 언제나 역겹다. 예술은 선거와 무관함에도 불구하고 우리는 역겨움 속에서 인간이 할 수 있는 온갖 바보짓을 하고 있다. 여러분은 이미 매년 어떤 일이 발생하고 있는지, 그리고 어떤 일이 벌어질 것인지 짐작할 것이다. 한 번은 이 사람의 파, 다음번엔 저 사람의 파, 이런 식으로 떼거리가 형성될 것이다. 예술 아카데미처럼 우리도 이제 더 이상 안정적이지 못하다. 프랑스에는 수천 가지 방식으로 모여서 가장 대립적이고 가장 가혹한 의견을 표명하는 끔찍한 심사위원단을 구성할 수 있는 예술가들이 대단히 많이 있기 때문이다.

살롱이 한 해는 온통 녹색일 수 있다. 그다음 해는 온통 푸른색, 또 1년 뒤에는 핑크색. 대중은 주방에 있지 않기 때문에, 그래서 익힘의 정도를 알지 못하기 때문에, 그들은 예술의 시점에 대한 정확한 표현으로 이 다양한 살롱

전시회를 수용하게 될 것이다. 대중은 그것이 오로지 어느 특정 화가의 작품 전시회라는 사실을 모를 것이다. 그들은 좋은 마음으로 그곳에 가서 그해의 모든 예술을 소화한다는 믿음 아래 제공된 식사를 한입 가득 넣고 삼키려 할 것이다.

이제 현실에 맞도록 문제를 힘차게 재정비해야 한다. 사적이고 비열한 생각을 옹호하기 위해 작품 공장에 가는 우리의 심사위원들에게 작품 전시회는 진지하게 작업하는 작가들을 대대적으로 홍보해 주기 위해서 생겨난 것이란 말을 해줘야 한다. 모든 납세자에게는 대가가 있어야 하듯이 예술 학파나 조직은 어떤 사람에게는 문호를 개방하고 또 어떤 사람에게는 폐쇄적이어서는 안 된다.

나는 심사위원들이 그들의 임무를 어떻게 이해하고 있는지 모른다. 그들은 정말 진실과 정의를 조롱하고 있다. 내가 보기에 살롱은 예술적 변화를 확인하기 위한 장소인 적이 결코 없다. 프랑스 전체가 흑백논리에 따라 예술 작품을 대중에게 소개하면서 이렇게 말한다. "우리의 현황은 이렇습니다. 정신과 함께 우리도 발전하고 있지요. 1년 동안 우리가 일궈냈나고 생각하는 진실이 여기에 있습니다." 그런데 예술가와 대중 사이에 위치하는 사람들이 있다. 그들은 그들의 그 대단한 권한으로 진실의 3분의 1 또는 4분의 1만을 보여준다. 그들은 예술을 부분적으로 삭제해서 대중에게 절단된 잔해만을 보여준다.

부디 그들이 보잘것없고 무가치한 것들을 솎아내기 위해서 그곳에 있다는 것을 알았으면 한다. 그들에게는 생생하고 개성 있는 것들을 건드리는 것이 금지되어 있다. 그들이 원한다면(더욱이 그건 그들의 임무이므로), 그들은 기숙생 아카데미나 형편없는 선생의 형편없는 학생들을 거부할 수 있다. 제발 그들이 존경심을 가지고 자유로운 예술가들, 어떤 유파에도 속해 있지 않은 자들, 강렬하고 가혹한 현실로부터 멀리 떨어져서 색다른 것을 추구하는 자들을 수용해 주기를!

여러분은 올해의 심사위원 선거가 어떻게 치러졌는지 알고 싶은가? 들리는 말에 의하면, 어떤 화가들의 모임에서 리스트를 작성하여 그 인쇄물을 투표권을 가진 미술가와 화실에 돌렸다고 한다. 덕분에 그 리스트에 올라간 전원이 선출되었다.

나는 감히 여러분에게 묻고 싶다. 대체 예술에 대한 우리의 관심은 어디에 있는가? 우리는 젊은 작가들에게 어떤 확신을 주고 있는가? 우리는 그들을 위해 모든 것을 해주고 있는 것처럼 보인다. 우리는 그들의 어려움, 그들의 불만족을 대변하는 듯하다. 하지만 정말 그런가? 문제는 심각하다. 그리고 이제는 참여해야 할 때다.

나는 예전의 고리타분했던 예술 아카데미의 이야기를 다시 하고자 한다. 그 시절에 우리는 놀랄 일이 없었다. 예술 아카데미의 좋고 싫은 취향은 한결같았기 때문이다. 하지만 오늘날, 동지애로 선출된 우리의 심사위원들이 계시면서부터, 우리는 대체 어느 성인에게 봉헌을 해야 할지 알 수가 없다. 만일 내가 가난한 화가라면, 나의 주된 고민은 누가 심사위원이 될 것인지, 그래서 그의 취향에 따라 어떤 그림을 그려야 하는지에 있을 것이다.

전년도에 뽑힌 작품들 중에서 올해는 마네와 브리고(Brigot)의 작품이 예선 탈락했다. 분명한 것은 이 화가들이 비난받아 마땅한 짓을 했을 것 같지 않다는 것이며, 나는 그들의 지난번 작품이 뛰어났다는 사실도 안다. 그렇다면 이번의 낙선은 어떻게 설명될 수 있는가?

나의 일반적 상식으로 볼 때, 만일 어느 화가가 오늘 그의 작품을 대중에게 선보이면서 훌륭하다고 평가받았다면, 어떻게 다음 날 그의 작품을 전시하지 않을 수 있겠는가? 그런데 바로 이런 잘못을 심사위원들이 저지른 것이다. 왜 그랬을까? 내가 여러분에게 그 이유를 설명할 수 있다.

여러분은 예술가들 사이에 서로가 암투하는 내란이 있

다는 것을 상상할 수 있는가? 오늘의 강자는 어제의 강자를 몰아내려 한다. 이것은 야심과 증오로 인한 끔찍한 혼돈의 세계로, 마치 술라(Sulla)와 마리우스(Marius)[3] 시대의 작은 로마와 같다. 우리 선량한 시민들은 모든 예술가들의 작품을 접할 권리가 있는데도, 우리는 승리한 자들의 작품만 보게 된다. 오, 진리여! 오, 정의여!

예술 아카데미는 그런 식으로 이전의 판결을 뒤엎은 적이 없다. 예술 아카데미가 수년 동안 소외 집단을 외면하기는 했지만 일단 수용한 사람들을 다시 쫓아낸 적은 없다. 내가 예술 아카데미의 향수에 빠져 있는 것은 아니다. 다만 그들의 잘못보다 지금의 잘못이 훨씬 심각하다는 것을 지적하려 했을 뿐이다.

나는 심사위원을 선택하고 싶지 않으며, 공정한 심사위원으로서 어떤 예술가들을 지정하고 싶지도 않다. 분명히 마네와 브리고는 브르통(Breton)과 브리옹(Brion)을

3) 원작에서는 '술라'가 아니라 '실라(Sylla)'로 표기되어 있지만, 우리에게 익숙한 '술라'로 표기했다. 술라는 고대 로마의 장군 겸 정치가로 BC 88년에 집정관이 되어 공포 · 반동 정치로 정적인 마리우스를 몰아낸 인물이다.

거부할 것이고, 마찬가지로 브르통과 브리옹 역시 마네와 브리고를 거부할 테니까. 인간은 누구나가 어쩔 수 없이 좋아하는 것과 싫어하는 것이 있기 마련이다. 그런데 여기서 문제가 되는 것은 진리와 정의다.

우리는 심사위원단을 임명했고, 그들이 누구든 그것은 상관이 없다. 그들이 잘못을 저지르면 저지를수록 그들은 변명에 급급하게 될 것이고, 나는 박장대소할 것이다. 여러분은 저 사람들이 내게 재미있는 광경을 제공하지 않는다고 생각하는가? 저들은 자기들의 작은 성소를 지키기 위해 수많은 술책을 가지고 있는데, 그것이 나를 대단히 재미있게 해준다. 이제는 교활한 자들의 살롱이라고 명명할 그런 것을 설립해야 할 것 같다. 나는 나의 모든 동료들에게 나와 함께 동참하자는 간청을 드린다. 나는 목소리를 높이고 싶고, 이제는 대중이 직접 보고 심사해서 판정하는 그런 미술전을 개최할 수 있는 막강한 권한을 얻고 싶다. 이렇게 하는 것이 현재로선 모두를 만족시킬 수 있는 유일한 방법이다. 낙선 작가들이 아직까지는 그들의 작품을 수서해 가지 않았다. 부디 그들의 작품을 어딘가에 걸 수 있도록 서둘러 못을 박아야 할 것이다.

# 심사위원단 2

4월 30일[4)]

사방에서 내게 설명하고 내게 간곡히 부탁하는 것이, 이번 심사에서 낙선한 재능 있는 예술가들의 이름을 거명해 달라는 것이다.

대중은 언제나 선량하다. 분명한 것은 살롱의 문밖으로 쫓겨난 예술가들이 내일이면 유명해질 화가들이 아직은 아니기 때문에, 나는 여기에서 독자들에게 알려지지 않은 이름들을 언급할 수밖에 없다. 나는 이번의 이상한 판결에 대해서 불만을 표명하고 있는데, 그것은 이 성실한 젊은이들이 오랜 기간 심사위원들을 그들의 동료로 생각하지 않았다는 유일한 잘못 때문에 제대로 평가받지 못했다는 것이다. 들라크루아(Delacroix)나 다른 유명한 예술가들 역시 몇몇 집단들의 잘못된 결정에 의해 오랜 세월을 무명으로 지내야 했다. 나는 이런 일이 다시 반복되기를

---

4) 1866년 4월 30일자 〈레벤망〉 게재 기사(편집자 주).

원치 않으며, 그래서 나는 확실히 미래의 대가가 될 예술가들이 오늘의 피해자가 되어서는 안 된다는 것을 요구하기 위해 이 글을 쓰는 것이다.

나는 올해 구성된 심사위원단이 편견을 가지고 심사를 했다고 확신한다. 우리 시대의 프랑스 예술의 한 부분 전체가 의도적으로 베일에 감춰진 것이다. 나는 마네와 브리고의 이름을 언급했는데, 왜냐하면 이들은 이미 잘 알려진 화가들이기 때문이다. 하지만 나는 이들과 같은 예술사조에 속해 있는 20여 명의 다른 이름을 열거할 수 있다. 이것은 심사위원단이 강렬하고 생생한 그림, 생명감과 현실감이 넘치는 작품을 원치 않는다는 걸 의미한다.

나는 내 편이 많지 않을 것이라는 걸 잘 안다. 프랑스 사람들은 빈정대길 좋아하는데, 이제부터는 내가 그 누구보다도 가장 빈정거릴 것임을 선언한다. 최후에 웃는 자가 승리자다.

그렇다! 나는 현실의 옹호자다. 내가 침착하게 고백하건대, 나는 마네를 존경하며, 하얀 분가루를 칠한 듯한 카바넬(Cabanel)[5]의 작품은 높게 평가하지 않는다. 나는 진

5) 알렉상드르 카바넬(Alexandre Cabanel)은 마네와 동시대의 화가

정한 자연의 거칠고 건강한 냄새를 더 좋아한다. 게다가 내 모든 판단의 하나하나는 자연적 시간에 기인한다. 여기에서 나는 이번 살롱에 사람들이 사실주의라고 명명하는 예술사조의 작품이 전시되지 않을 것이라는 사실을 확인하는 바이며, 아무도 내 말을 부인하지 못할 것이다.

나는 쿠르베(Courbet)의 작품이 전시될 것임을 잘 알고 있다. 그러나 쿠르베는 적들도 포기한 인물인 것 같다. 그를 만나러 가려면 외교관이 되어야 할 것이다. 왜냐하면 이 오르낭(Ornans) 출신의 대가는 맞서기가 두려운 대단히 시끄러운 양반이기 때문이다. 그는 그럴싸한 직함과 명예를 준다면 자신의 제자들도 부인하는 위인이다. 사람들은 그가 받은 커다란 메달과 십자가[6]에 대해서 말한다. 하지만 심사 다음 날, 쿠르베는 자기의 제자였던 브리고를 찾아가서 그의 "작품에는 철학이 없다"라고 잔혹하게 말한 적이 있다. 쿠르베의 미술 철학이라! 오, 가련한 대가시

---

로, 그가 그린 〈비너스의 탄생〉은 마네의 〈풀밭에서의 점심〉이 낙선했던 살롱에서 대상을 받았다.

6) 여기서 말하는 십자가는 쿠르베에게 메달을 안겨준 작품인 〈오르낭의 장례식〉에 등장하는 십자가를 뜻한다.

여, 프루동(Proudhon)[7]의 저서가 귀하께 민주주의의 소화불량증을 제공했나 보군요. 제발, 도덕주의자나 사회주의자가 되려 하지 마시고, 그냥 이 시대의 최고 화가로만 남아주십시오.

하긴 오늘 내 감정이 뭐 대수란 말인가! 대중으로서 나는 내 의사 표현의 자유가 침해당하고 있다는 사실에 분개한다. 대중으로서 나는 예술을 감상할 수 있는 이 시기에 작품 전체를 보여주지 않는 데 화가 치민다. 대중으로서 나는 아무것도 감추지 말 것을 요구한다. 나는 편견을 가지고 한 무리의 동료들을 살롱 밖으로 쫓아낸 예술가들을 정의와 법의 이름으로 고발한다.

어떤 결정을 내리기 위한 목적으로 임명된 사람들의 모임이나 단체는 하나의 유일한 원동력에 의해 한쪽 방향으로만 돌아가는 그런 단순한 기계가 아니다. 각각의 움직임, 모든 바퀴의 회전을 설명하기 위한 세심한 연구가

---

7) 피에르-조제프 프루동(Pierre-Joseph Proudhon)은 프랑스의 무정부주의적 사회주의 사상가로 공리주의 미학을 주장하기도 한 인물이다. 그와 쿠르베의 관계는 각별했으며, 1853년 그려진 그의 초상화는 쿠르베가 그린 것이다.

필요하다. 천박한 자들은 그저 하나의 결과밖에 보지 못한다. 그러나 관찰자는 기계를 흔드는 문제와 원인을 인지한다.

여러분은 우리가 기계를 재조립해서 조금이라도 돌아가게 만들기를 원하는가? 조심스럽게 크고 작은 바퀴들 모두를, 왼쪽으로 돌아가는 바퀴들과 오른쪽으로 돌아가는 바퀴들 모두를 점검해 보자. 그 바퀴들을 조정해 보고 어떤 결과가 나오는지 지켜보자. 잠시 기계가 삐걱거리고, 어떤 부품들은 원래의 방식대로만 작동하려 할 것이다. 하지만 궁극적으로는 기계가 제대로 작동할 것이다. 만일 모든 바퀴가 원래의 원동력 때문에 돌아가지 않는다면, 그 바퀴들은 서로 맞물리게 되면서 본래의 목적을 위해 함께 돌아가려고 할 것이다.

대중의 무관심 때문에 당락을 맛보는 젊은이들이 있다. 투쟁과는 무관하게 살롱으로 들어오는 이가 있는가 하면, 새로운 모든 시도를 거부하면서 자신들의 신념만을 고집하는 과거의 예술가들도 있다. 끝으로 현재의 예술가들이 있는데, 자기들의 소소한 방식으로 작은 성공을 거두게 된 자들은 그 성공을 이빨 사이에 끼워 넣고서 접근하려는 모든 동료들에게 으르렁대며 위협을 한다.

그 결과가 어떤 것인지 여러분은 알고 있다. 우리는 텅 비어 있고 암울한 전시실을 함께 방문하게 될 것이다. 나는 우리 예술의 빈곤이란 잘못을 심사위원단에게만 물을 수 없다는 것을 잘 알고 있다. 그러나 나는 그들에게 그들로 인해 용기를 잃게 된 진취적인 예술가들에 대한 해명을 요구할 수 있다.

변변치 못한 작품들만 선정되었다. 전시실의 벽은 무난하거나 완전히 형편없는 작품들로 채워질 것이다. 위에서 아래로, 좌에서 우로, 여러분이 직접 살펴보라. 놀라운 작품이나 매력적인 작품이 단 한 점이라도 있는지. 우리가 예술을 닦아주며 조심스럽게 빗질까지 해주고 있다. 그래서 예술은 하얀 셔츠에 슬리퍼를 신고 있는 신사 양반이 되어가고 있다.

알려지지 않은 이름들이 서명된 이 보편적인 작품들에다 모든 심사가 면제된 작품들을 추가하자. 그런 작품들이야말로 내가 연구하고 논의하려는 화가들의 작품이다.

보라, 언제나 똑같은 이 살롱을!

올해의 심사위원단은 예전보다 훨씬 더 청결함을 필요로 했다. 전년도에 '이상(Ideal)'이라는 그들의 빗자루가 검불 몇 오라기를 쓸어내는 걸 깜빡했기 때문이다. 그들은 장소를 깨끗하게 하고 싶었다. 그래서 그들은 손을 닦지 않는다는 이유를 들어 사실주의자들을 문밖으로 몰아

냈다. 아름다운 귀부인들이 대단한 치장을 하고서 살롱을 찾을 것이다. 그래서 살롱의 모든 것은 거울처럼 깨끗하고 밝아야 할 것이다. 그런 그림 앞에서 우리는 머리를 빗을 수도 있을 것이다.

다행이다. 나는 심사위원들에게 그들이 못된 세관원이었다고 말하면서 이 글을 마치게 되어 행복하다. 적들은 살롱 안에 있고, 나는 그들에게 경고한다. 나는 그들이 부주의로 수용한 몇 점의 명화에 대해서 말하지 않겠다. 하지만 그들이 가장 예방을 하고 싶었던 작가인 브리고의 작품 두 점이 살롱에 걸려 있다는 것을 알리고자 한다. 잘 찾아보시길. 그 작품들은 B로 시작되는 다른 이름으로 서명되어 있으니까.

그러니 젊은 작가들이여, 만일 여러분이 내년에 선정되고 싶다면, 브리고란 가명을 쓰지 말고 바르방슈란 가명을 쓰시오. 그러면 여러분은 만장일치로 선정될 테니까. 선정 여부가 결국은 단순히 이름의 문제에 달려 있으니까.

# 예술의 시점

5월 4일[8)]

보잘것없는 나의 비평문을 기고하기 전에, 어쩌면 내가 예술을 관람하는 방식이 무엇인지, 나의 미학은 무엇인지를 분명하게 설명해야 할 것 같다. 나는 내가 부수적으로 제공해야만 했던 기고문들이 기존의 사회 통념에 상처를 주었고, 그래서 아무런 실효성을 거두지 못하고 있는 듯 보이는 나의 직언 때문에 결국은 내게 원한만 갖은 사람들이 있다는 것을 알고 있다.

나는 다른 사람들이 그렇듯 나만의 작은 이론을 갖고 있는데, 다른 사람들처럼 나 역시 내 이론만이 진실한 것이라고 믿는다. 웃음거리가 될지도 모를 위험을 무릅쓰고 나는 감히 이 이론을 전개하고자 한다. 그러다 보면 내가 호감을 갖는 것과 증오하는 것이 적나라하게 드러날 것이다.

---

8) 1866년 5월 4일자 〈레벤망〉 게재 기사(편집자 주).

대중을 위해서—여기서 이 용어는 부정적인 의미가 아니다—대중을 위해서, 예술 작품은, 하나의 그림은 부드럽고도 끔찍한 방식으로 우리의 가슴을 감동시키는 감미로운 사물이다. 자신들을 위협하는 총구에 끌려가며 신음하는 사람들을 그린 대학살의 소재가 있는가 하면, 달빛 아래서 꿈꾸듯 기둥에 몸을 기댄 눈처럼 하얀 매력적인 젊은 여성이 있다. 말하자면 대중은 작품 속에서 자신들을 숨 막히게 만들거나 또는 가슴을 뛰게 하는 그런 주제를 본다는 것이며, 따라서 그들은 작가들에게 눈물과 웃음 외에는 달리 요구하는 것이 없다는 말이다.

하지만 나는—다른 많은 사람들도 그렇길 희망하면서—하나의 예술 작품은 하나의 개성이며 성격이라고 생각한다.

내가 예술가들에게 요구하는 것은 부드러운 장면이나 악몽같이 끔찍한 장면을 보여 달라는 것이 아니다. 자기 자신을 반영해 달라는 것이다. 마음과 육체를 투영하는 것, 그것이야말로 강하고 특별한 정신을 숭고하게 확인시켜 주는 것이며, 그것이야말로 화가 자신이 본 자연을 자기의 손으로 포착하여 우리에게 생생하게 전달해 주는 것이다. 한마디로, 나는 작은 기교들, 대중의 관심을 끌려는 아부성 주제들, 교훈적이거나 대중과 친밀해지려는 의도가 농후한 작품들, 어느 유명인의 위업을 강조하기 위한 역사적 과장이나 또는 지나치게 미화된 몽상 등과 같은 작품들을 가장 경멸한다. 반면 나는 개성을 보여주는 작품들, 독창적이고 힘찬 손에서 태어난 작품들에 대해서는 찬사를 보낸다.

이제 작품이 마음에 들고 안 들고는 더 이상 문제가 되지 않는다. 그것은 화가의 자신, 즉 자신의 감정을 솔직히 보여준다는 것, 자신의 개성을 단호하게 표현한다는 것이 문제다.

나는 어떤 특정 유파를 지지하지 않는다. 그 이유는 모든 예술 집단과 체제를 배제한 인간의 진실만을 중요하게 여기기 때문이다. '예술(art)'이라는 용어도 마음에 들지 않는다. 왜냐하면 이 용어는 내가 어떤 것인지 모르는 정돈이 필요한 사상들, 절대적 이상이란 사상을 함유하고 있기 때문이다. 예술을 한다는 것, 그것은 인간이나 자연과는 별개인 그 무엇을 만들어내는 것이 아닌가? 나는 예술가가 삶을 만들어내길 원한다. 나는 예술가가 생생한 것, 자기만의 고유한 시각과 기질로 다른 모든 것과는 별개인 것을 새롭게 창조하길 원한다. 내가 작품을 대하면서 제일 먼저 확인하려는 것, 그것은 인간이지 그림이 아니다.

내가 보기에 작품에는 두 가지 요소가 있다. 자연이라

는 사실적 요소와 인간이라는 개인적 요소가 바로 그것이다.

자연이라는 사실적 요소는 고착된 것으로 언제나 동일하다. 그것은 모든 사람들에게 있어서 천편일률적이다. 만일 작품을 생산하는 데 있어서 공유할 수 있는 방식이 있다면, 이 요소가 모든 작품에 있어서 공통적인 것으로 사용될 수 있다고 나는 말하고 싶다.

반면에 인간이란 개인적 요소는 무한히 가변적인 것이다. 작품 수만큼 다양한 정신세계가 존재한다. 만일 기질이라는 것이 없다면, 모든 작품은 그저 단순한 사진에 불과할 것이다.

따라서 하나의 예술 작품은 변화무쌍한 요소인 인간과 고정된 요소인 자연의 조합이다. 나한테 있어서 '사실주의자'란 단어는 각자의 기질에 따라 현실을 종속시킨다는 의미 외에는 아무것도 없다. 사실을 그려낸다는 것에 나는 박수를 보낸다. 하지만 개인적이고 살아 있는 것을 그려낸다는 것에 나는 특별히 큰 박수를 보낸다. 만일 당신이 이런 사유 방식에서 벗어난다면, 당신은 필경 과거를 부인하고 매년 그 의미를 확장할 수 있는 개념을 새롭게 만들어야만 할 것이다. 하지만 그것은 예술적 아름다움이 어떤 절대적이고 영원한 진실이 있다고 믿는 또 하나의 고상한 농담이다.

유일하고 완전한 진실이란 매일 저녁 사용할 진실을 매일 아침마다 만들어내는 우리를 위해 만들어진 것이 아니다. 무엇보다도 예술은 인간의 생산물, 인간의 분비물이다. 작품의 아름다움을 배출하는 것은 우리의 육체다. 우리의 육체는 기후와 풍습에 따라 변하며, 분비물 또한 마찬가지다.

말하자면 내일의 작품은 오늘의 작품이 있는지 모른다는 것이다. 그래서 당신은 어떤 규칙도 만들 수 없으며, 아무런 교훈도 남길 수 없는 것이다. 당신은 스스로에게 거짓말을 하려 하지 말고, 그저 단호하게 당신의 속성에 자신을 맡겨야 한다. 당신은 당신의 언어로 말하는 것이 두려운가? 당신은 힘들여서 죽은 언어로 더듬거리며 말하려 노력할 것인가?

나의 강렬한 의지는 다음과 같다. 나는 대가들의 작품을 흉내 낸 풋내기 작품은 원치 않는다. 그런 작품들은 내가 어렸을 적에 쓰기 공책에 인쇄된 점선 글자를 따라 선을 긋던 것을 생각나게 한다. 나는 과거로의 회귀를 원치 않으며, 소위 부활이라고 주장하는 것들, 모든 시대로부터 주워 모은 이념의 파편들로 만들어진 이상에 따라 제작된 작품들을 원치 않는다. 나는 생명, 기질, 현실성이 전혀 없는 모든 것을 원치 않는다!

지금 나는 여러분에게 간청한다. 내게 연민의 정을 느껴달라고. 어제 나와 같은 기질을 가진 사람들이 아무것도 건질 것이 없는 암울한 살롱을 기웃거리며 느껴야만 했던 모든 고통을 생각해 보라. 솔직히 나는 사태의 심각성을 예견하면서, 한순간 나의 임무를 포기할 생각을 했다.

내가 예술가들의 믿음에 상처를 주려는 것은 결코 아니다. 사실은 그들이 나의 믿음에 아주 생생한 상처를 낸 것이다. 독자들은 나의 입장을 이해할까? 독자들은 혹시 "저 악마같이 지독한 친구가 대중에 대한 품위를 유지하기 위해서 구역질 나는 것을 억지로 참고 있다"라고 서로 수군대고 있는 것이 아닐까?

어쨌든 난 이렇게 형편없는 작품을 무더기로 본 적이 없다. 그곳에는 2000점의 작품이 있지만, 인간적 요소를 갖춘 것은 열 점이 안 된다. 이 2000점의 작품들 중, 열둘에서 열다섯 점 정도의 작품만이 여러분에게 인간적인 언어로 말을 걸 것이다. 그 나머지는 여러분에게 냄새만 풍기면서 어리석은 이야기만 들려줄 것이다. 내가 너무 심하다고? 아니다. 나는 남들이 속으로 생각하는 것을 큰소리로 말할 뿐이다.

최소한 나는 우리의 시대를 부인하지 않는다. 나는 이

시대를 신뢰하며, 이 시대가 요구하고 추구하는 것을 알고 있다. 우리는 투쟁과 열정의 시대를 살고 있으며, 우리에게는 재능 있는 자들과 천재들이 있다. 하지만 나는 사람들이 진짜와 가짜를 혼동하길 원치 않는다. 나는 모든 사람들에게 찬사를 퍼붓는, 그래서 결국은 아무도 칭찬하지 않는 그런 무관심한 관용은 없는 것이 좋다고 생각한다.

우리는 이런 관용이 만연한 시대를 살고 있다. 우리는 문명인이며, 그래서 우리에게는 안방이 있고 거실이 있다. 안방의 작은 벽 치장을 위해선 도장공으로 충분하지만, 거실의 큰 벽 치장을 위해선 화가들이 필요하다. 이런 이유 때문에 석공들이 시작한 일을 완성하기 위한 동업자 조합이 생겨난 것이다. 여러분이 생각하는 것처럼 우리는 많은 화가들을 필요로 하며, 그래서 우리는 그들을 집단적으로 길러내는 방식을 활용하고 있다. 게다가 우리는 그들에게 시대적 취향을 거스르지 말라는 최고의 충고까지 해주고 있다.

여기에 현대 예술의 정신을 추가하자. 과학과 산업이 가광 받고 있는 현실에 대한 반동으로 예술가들은 꿈속으로, 비단 종이와 가짜 기금속으로 장식된 조악한 천상 세계로 피신해 버렸다. 하지만 르네상스의 대가들이 우리가 지금 넋을 잃을 정도로 좋아하는 그런 유치찬란한 것들에 관심을 기울였는지 한 번 살펴보라. 그들은 충만한 생명력으로 그림을 그리던 강한 개성의 소유자들이었다. 반면에 우리는 신경질적이고 불안한 사람들이다. 우리에게는 여성적 성향이 너무 강하다. 우리는 스스로 약하고 지쳐 있다고 느끼기 때문에 활력 넘치는 건강은 좋아하지 않는다. 온통 지나친 감상과 과장된 우아함뿐이다!

우리의 예술가들은 시인이다. 나와 생각이 같지 않은 사람들은 이 말을 심각한 모욕으로 받아들일 것이다. 그렇다고 해도 나는 이 말을 취소하지 않겠다. 살롱에 가보라. 온통 사랑을 노래하는 서정시 같은 그림들뿐이다. 이 그림이 폴란드풍의 서정적 운율이라면, 저 그림은 클레오파트라 시대의 운율을 지니고 있다. 티불(Tibulle)[9]풍으로 노래하는 것이 있는가 하면, 루크레스(Lucrèce)[10]의 커다란 트럼펫 소리를 내려고 노력하는 것도 있다. 그 밖의 군가, 엘레지, 외설적 노래, 우화에 대해서는 아예 언급

---

9) 기원전 1세기경의 로마 시인으로, 우리에게는 티불루스(Albius Tibullus)라는 이름으로 알려져 있다.

10) 기원전 1세기경의 로마 시인으로, 우리에게는 루크레티우스(Lucretius)라는 이름으로 알려져 있다.

을 생략하겠다.

대단한 소음이다!

제발 그림을 그려라. 왜냐하면 그대들은 화가니까. 더 이상 노래하려 들지 마라. 여기 육체와 빛이 있다. 창조주로서 그대들의 아담을 만들어라. 그대들은 인간을 만드는 제작자가 되어야지, 그림자의 제작자가 되어서는 안 된다. 나는 완전한 나체의 남자가 규방에 있는 것이 타당치 않다고 생각한다. 그런데 그걸 위해서 그대들은 더 이상 외설스럽지도 못한, 어린 소녀의 장밋빛 피부를 한 인형보다도 생기가 없는, 그런 커다랗고 괴상망측한 꼭두각시들을 그려내고 있는 것이다.

재능이 다른 방식으로 돋보이는 경우도 있는데, 알고 계신지? 살롱에서 눈에 띠는 몇몇 작품들을 보라. 이 작품들을 거느라 전시실 벽에는 구멍이 생겼다. 여러분의 눈에는 그 작품들이 상당히 불쾌하게 보일 것이다. 게다가 이 작품들은 그 이웃 작품들의 부드러운 속삭임 속에서 소리를 지르고 있다. 이런 작품을 그린 화가들은 내가 언급한 바 있는 우아한 도장공 조합 소속이 아니다. 소수에 불과한 이들은 스스로 존재하면서 그 어떤 유파에도 속해 있지 않다.

내가 이미 말했듯이 우리 화가들의 초라함을 심사위원

들의 잘못이라고만 할 수는 없다. 하지만 엄격해야 할 의무가 있다고 자처하던 그들이 어째서 우리에게 이렇게 조악한 작품들만 제공했단 말인가? 만일 그대들이 재능 있는 자들만을 선택한 것이었다면 전시실의 크기는 3m2면 충분했을 것이다.

몇 점의 개성 있는 작품들이 살롱에 전시되지 못한 것을 아쉬워한 나머지 내가 지나칠 정도로 혁명적인 발언을 일삼았던가? 그러나 우리가 개성 있는 작품들을 거부하기에 우리의 개성은 너무나 풍요롭지 못하다. 게다가 내가 알기론 기질 있는 예술가들은 한 번 거부당했다고 사라지지 않는다. 나는 그들의 신념을 옹호한다. 왜냐하면 그들이 옳다고 생각하니까. 결국 나는 재능의 건강 상태에 대해서 아주 마음이 편하다. 우리의 아버지들은 쿠르베를 비웃었지만 우리는 지금 그의 작품 앞에서 넋을 잃고 있다. 우리는 지금 마네를 비웃고 있지만 우리의 아들들은 그의 그림 앞에서 넋을 잃고 있을 것이다.

# 마네

5월 7일[11]

우리 프랑스인들이 웃는 걸 좋아하는 건 우리가 기회 있을 때마다 세련된 예절과 뛰어난 재치를 보여주기 때문이다. 우리는 핍박받는 사람을 배려해 주기 때문에 다수를 상대로 홀로 투쟁하는 사람들을 보호하려고 전력을 다해 그의 입장을 대변해 준다.

오늘 나는 한 무리의 동료들에 의해 살롱의 문밖으로 쫓겨난 어느 예술가에게 우정의 손길을 내밀고자 한다. 내가 그를 기탄없이 칭송하는 이유는 그의 재능이 내 마음속에 커다란 존경심을 불러일으켰기 때문인데, 사람들이 그를 배척받는 화가로, 괴상한 비인기 화가로 취급함에도 불구하고 그에 대한 나의 입장은 여전히 변화가 없다.

누구나 가서 볼 수 있는 작품들과, 그리고 찬란한 조명 아래 자기의 초라함을 전시하고 있는 화가들에 대해서 말

---

11) 1866년 5월 7일자 〈레벤망〉 게재 기사(편집자 주).

하기 전에, 나는 누군가에 의해 그의 작품이 의도적으로 배제된, 1500명에서 2000명에 이르는 선택받은 화가들 사이에서 두각을 나타낼 수 있었음에도 불구하고 잘못된 판정에 의해 낙선의 고배를 마셔야 했던 어느 작가에게 가능한 한 많은 페이지를 할애하겠다고 작심했다.

나는 그를 다음과 같은 말로 위로했다. "너무 상심 마세요. 그들이 선생님을 제쳐놨기 때문에 선생님께선 따로 존립할 이유가 생겼잖아요. 선생님께선 저들처럼 생각하는 분이 아니시지요. 선생님께선 선생님의 마음과 몸으로 그림을 그립니다. 선생님은 개성을 뚜렷이 보여주는 분이십니다. 선생님의 작품은 요즘 유행하는 보잘것없고 감상적인 작품들 사이에서는 입지가 불편한 그런 작품입니다. 그냥 선생님 아틀리에에 계십시오. 이곳으로 제가 선생님을 찾아뵙고 경배 드리겠습니다."

이제 가능한 한 명백하게 마네 선생에 대해서 설명하고자 한다. 나는 대중과 나 사이에 추호의 오해도 없기를 바란다. 나는 우리의 심사위원단이 이 시대의 가장 활력 있고, 가장 개성 있는 작품들 중의 하나를 대중이 볼 수 없도록 결정하는 권한을 지니고 있다는 사실을 절대로 받아들일 수 없으며, 앞으로도 받아들이지 않을 것이다. 더욱이 내가 호감을 느끼는 작품들이 살롱의 문밖에 있으니 내가 예술에 대한 존경심을 표하고 싶을 때 굳이 그곳을 찾을 필요가 있겠는가?

마네 선생을 전적으로 칭송하는 것은 내가 처음인 것 같다. 그것은 내가 아무런 생명성도 발견할 수 없는, 형형색색의 이미지로 꾸며진 저 가련한 규방용 그림들에 대해서는 관심이 없기 때문이다. 나는 기질 있는 작품에만 관심이 있다고 이미 선언한 바 있다.

길에서 만난 어떤 분이 내게 이렇게 말했다. "진짜 그렇게 생각하시는 건 아니지요, 그렇죠? 선생께선 미술비평에 막 입문한 분이신데 스스로 묘혈을 파고 계세요. 하지만 우리가 선생을 뵙지 못하니까, 그저 〈풀밭에서의 저녁(Dîner sur l'herbe)〉,[12] 〈올랭피아(Olympia)〉, 〈피리 부는 소년(Joueur de fifre)〉 등에 대한 우스꽝스런 평론에 대해서 함께 웃고 마는 정도지요."

이렇게 우리는 예술에 대해서 그 정도만 이야기했다. 그러나 우리는 예술에 대해서 동일한 존경심을 갖고 있지 않다는 것을 알게 되었다. 게다가 나는 계산적으로 나 자

12) 작품의 올바른 제목은 〈풀밭에서의 점심(Déjeuner sur l'herbe)〉이다. 하지만 우리는 졸라의 표현을 그대로 옮겼다(편집자 주).

신에게조차 거짓말을 하는 그런 사람으로 인식되고 있었다. 내 잘못은 사람들이 이해하려 들지 않았던 예술가, 그리고 화가들의 좁은 세계에서 나병 환자처럼 쫓겨나야만 했던 그 예술가에 대한 진실을 말하려고 했다는 것이다.

마네 선생에 대한 대다수의 견해는 이렇다. 마네는 실력이 없는 젊은 돌팔이 화가로 자기 또래의 말썽꾼들과 모여서 술을 마시고 담배나 피워대는 폐쇄적인 인물이다. 그러다 술동이가 바닥나면, 마네는 캐리커처에 색을 입혀서 전시를 하고, 그래서 대중은 그를 비웃으면서 그의 이름을 기억하게 되었다. 그가 작업에 착수하면 놀라운 작품을 만들어낸다. 그는 자기 작품 앞에서 괜히 포복절도하는데, 이것은 그가 언제나 대중을 조롱하고 스스로를 기이한 인물로 알리려고 생각하기 때문이다.

대단한 양반들이다!

나는 여기에 대중의 감정을 기막히게 보여주는 일화를 하나 소개하고자 한다. 어느 날 마네와 매우 유명한 문학가 한 명이 대로변의 카페에 앉아 있었다. 그때 기자 한 사람이 도착하자 그 문학가는 기자에게 젊은 대가를 소개했다. "마네 씨입니다"라고 문학가가 말했다. 그러자 기자는 벌떡 일어서더니 고개를 좌우로 두리번거리며 찾았다. 그러다가 자기가 찾고 있는 그 예술가가 바로 자기 앞에 다소곳이 작은 자리를 차지하고서 앉아 있는 사람이라는 걸 알게 되자 기자는 놀라서 소리를 지르며 말했다. "아, 죄송합니다. 저는 선생님이 거대한 체구일 거라고 생각했습니다. 그래서 저는 험상궂고 무시무시한 얼굴이 어디에 있나 찾았던 겁니다."

이것이 바로 대중의 생각이다.

그런데 예술가 자신들도, 그 동료들도, 이런 문제의 심각성을 명백히 알고 있어야 하는 자들도 아무런 조치를 취하지 못하고 있다. 내가 보기에 어리석은 일군의 무리들은 작품을 보지도 않고 비웃으면서, 그 강렬하고 확실한 작품들에 대해서 악의적인 농담만을 해대고 있다. 다른 무리들은 불완전한 재능이 어떻고, 의도적인 난폭성은 어떻고, 체계적인 폭력성은 어떻다며 비난하고 있다. 결국 그들은 대중이 어리석은 말을 하도록 방관하고 있을 뿐이며, 대중에게 다음과 같이 말해줄 생각조차 없는 것 같다. "바보 취급당하고 싶지 않으면, 그렇게 크게 웃지 마시오. 이 모든 것에는 당신들이 웃을 만한 눈곱만큼의 이유도 없으니까. 오직 단 한 명의 진정한 예술가가 있는데, 그는 자신의 속성에 순종하면서 열정적으로 진실을 탐구하는 사람입니다. 그는 전적으로 예술을 위해 헌신하고 있으며, 우리가 갖고 있는 비겁함은 조금도 갖고 있지 않은 사람입니다."

아무도 이런 말을 하지 않기 때문에 내가 이 말을 하는 것이며, 나는 이 말을 목청 높여 외쳐댈 것이다. 나는 마네가 내일의 대가들 중 한 사람이라고 확신한다. 만일 내게 돈이 있어서 오늘 당장에 그의 전 작품을 구입한다면, 나는 대단한 수지를 볼 수 있을 것이라고 확신한다. 5년 후면 그의 작품들은 열다섯 배에서 스무 배나 더 비싸게 팔릴 것이다. 반면 지금 4만 프랑이나 하는 어떤 작품들은 그때 가서 40프랑도 안 할 것이다.

이런 일을 예측하는 데 있어서 대단한 지력이 요구되는 것은 아니다.

한편 우리는 유행의 흐름에 따라 성공하는 경우, 살롱을 통해 성공하는 경우, 그리고 패거리의 작당에 의해 성공하는 경우를 본다. 이런 성공을 이뤄내는 사람들은 자신만의 작은 특기를 개발하는 예술가들이거나, 대중에게 일시적인 유행을 만들어내는 예술가들, 그리고 비 몇 방울 맞으면 지워져 버릴 형편없는 색조의 이미지를 그들의 붓끝으로부터 그려내는 몽상적이고 고상한 예술가들이다.

다른 한편으로, 앞서 말한 예술가들과는 정반대로 예술 전체를 문제 삼으며, 자기의 개성을 전혀 숨기지 않으면서, 자신의 내부로부터 무언가를 창조하려고 애쓰면서,

자연의 본질을 포착하려고 정면 돌파를 시도하는 그런 예술가가 있다. 여러분은 이런 화가의 힘차고 확신 있는 손에 의해 그려진 작품들이 에피날(Epinal)[13]의 우스꽝스러운 판화들보다 더 대단한 것이라고 생각하지 않는가?

노랗고 빨간 색이 서투르게 칠해지면서부터 작품의 가장 기본적인 가치조차 상실한 그런 그림들을 아무런 부끄러움도 없이 전시하면서, 자기 자신은 물론 대중까지 비웃고 있는 자들을 이제는 우리가 비웃게 될 것이다. 만일 대중이 예술에 대한 교육을 탄탄하게 받았다면, 만일 대중이 새롭고 개성 있는 재능들을 선별해서 존중할 줄 안다면, 살롱이란 예술 전시회는 대중에게 커다란 기쁨을 선사하는 장소가 될 것이라고 확신한다. 왜냐하면 그곳의 방문객들은 즐거움으로 가슴이 울렁거려서 두 개의 전시실을 지금처럼 달리듯 지나다닐 수 없을 테니까 말이다. 현재의 전시실에서 가장 우스꽝스러운 것들, 그것은 자신의 가련함과 어리석음을 보여주면서 전시되어 있는 저 지겹고 파렴치한 작품들 그 자체다.

13) 프랑스 동부의 로렌 지방에 위치해 있는 도시로, 18~19세기에 채색 판화로 유명했던 곳이다.

사심이 없는 관찰자가 보기에 마네의 작품 앞에서 벌어지는 어리석은 소란은 참으로 비통한 광경이 아닐 수 없다. 나는 거기에서 진부함에 익숙해진 사람들을 목격했다. 그래서 나는 스스로 자문해 봤다. "우리는 언제까지 이토록 유치해야 하며, 언제까지 영혼을 사고팔아야 한다고 믿을 것인가? 저기 이유도 모르면서 입을 벌린 채 비웃고 있는 저 사람들, 그들은 그들의 관습과 믿음에 상처를 받았기 때문이다. 그들은 마네의 그림이 이상하다고 생각하며 비웃고 있다. 그들은 꼽추가 정상적인 사람을 보고 등에 혹이 없다며 비웃는 것처럼 웃고 있는 것이다."

나는 마네 선생의 화실에 단 한 번만 가봤을 뿐이다. 선생은 키가 중간 정도, 오히려 큰 편보다는 작은 편이라고 해야 할 것 같다. 그는 금발에 안색이 약간 진한 30대였다. 눈동자는 생기 있고 영민해 보였으며, 순간적으로 입 표정을 잘 짓는 타입이었다. 전체적인 표정은 변화가 많고 표현력이 뛰어났으며, 내가 무어라 표현해야 좋을지 모를 섬세하면서도 강렬한 힘을 지니고 있었다. 요컨대 선생의 몸짓과 목소리에는 대단한 겸손과 온화함이 묻어 있었다.

대중이 돌팔이 화가라고 빈정대는 이 예술가는 가족들 품에서 조용히 살고 있다. 그는 결혼을 했으며, 중산층 시민으로서 결함이 없는 정상적인 삶을 살고 있는 것이다.

게다가 그는 언제나 탐구하고, 자연을 연구하며, 자신의 방식을 자가 진단하면서 억척스럽게 일한다.

나는 마네 선생과 함께 그에 대한 대중의 태도에 대해서 이야기했다. 그 점에 대해서 마네 선생은 빈정대지도 않았지만 그렇다고 낙심하지도 않는 것 같았다. 그에게는 신념이 있었고, 그래서 그는 그 요란한 비웃음의 시기가 지나가면 박수가 터져 나올 것이라고 확신하고 있었다.

그날 나는 확신에 찬 투쟁가 앞에, 인기는 없었지만 그렇다고 대중 앞에서 벌벌 떨지도 않는 그런 남자 앞에 있었다. 그는 짐승을 길들이기보다는 차라리 굴복시켜서 자신의 기질을 받아들이게 하는 사람이었다.

그의 아틀리에에서 나는 마네 선생을 완전히 이해했다. 나는 자발적으로 그를 사랑하게 되었으며, 그때부터 나는 내가 앞으로 분석해야만 할 그의 재능을 꿰뚫어 보았다. 살롱에서 그의 작품들은 강렬한 조명 아래에서, 그 주변에 덕지덕지 붙어 있던 한 푼짜리 이미지들 가운데서 소리를 질러대고 있었다. 마침내 나는 마네의 그림이 그려진 장소가 아닌 곳에서 그것들을 보았던 것이다.

마네의 재능은 단순명료함과 정확함에 있다. 물론 그는 그의 동료들이 그렸던 꾸며진 자연의 이미지 앞에서 사실성의 문제가 무엇인지 하나하나 따져보았을 것이다. 그는 과거의 모든 경험들과 기교를 거부했다. 그는 예술을 처음부터 다시 시작했다. 달리 말하면 그는 사물에 대한 정확한 관찰을 기반으로 하는 예술을 하려 한 것이다. 그는 과감하게 대상을 정면에서 바라보았다. 그는 그 대상을 커다란 색채와 강렬한 대비에 의해서 바라보았다. 그리고 그는 그가 본 대로만 사물을 그렸다. 여기서 누가 감히 옹색한 계산 방식에 대해서 말할 것이며, 누가 감히 이 의식 있는 예술가가 예술과 자기 자신을 조롱했다고 비난할 것인가? 그를 비웃던 자들을 벌해야만 한다. 왜냐하면 그들은 우리에게 영광을 제공할 사람을 모욕했으며, 그들의 천박한 행동에도 그들을 비웃지 않던 사람을 비열하게 비난했기 때문이다. 그는 여러분이 그에게 인상을 찌푸려도, 여러분이 그에게 냉소를 퍼부어도 눈 하나 깜짝하지 않는다고 나는 확신한다.

나는 낙선자 전람회(Salon des Refusés)[14]에 걸려 있

14) 낙선자 전람회란 나폴레옹 3세가 살롱에서 거부된 화가들의 반발을 무마하기 위해 열도록 한 미술 전시회를 말한다. 이 전시회에는 마네를 비롯하여 세잔, 피사로 등과 같은 미래의 인상파 화가들이 대거 참여했다. 마네의 〈풀밭에서의 점심〉이 엄청난 스캔들을 일으킨 것도 바로 이 낙선자 대회를 통해서였다.

는 그의 대작 〈풀밭에서의 저녁〉을 다시 보았다. 그래서 나는 우리의 인기 화가 양반들에게 빛과 공기로 가득 찬 마네의 공간보다 더 넓은 공간을 우리에게 보여줄 수 있으면 보여달라고 요구하는 바다. 여기 펼쳐진 자연은 여러분 맘에 들지 않을 것이다. 여기에는 제롬(Gérome)의 클레오파트라 석고상도, 뒤뷔프(Dubufe)의 하얀 얼굴에 장밋빛 뺨을 한 아름다운 얼굴들도 없다. 불행하게도 여기에는 일상의 얼굴들, 근육질도 아니고 기골이 장대하지도 않은 우리와 똑같이 생긴 인물들밖에 없다. 나는 이 작품을 대하는 여러분의 실망감과 즐거움을 이해한다. 장갑을 넣어두는 상자의 이미지라도 그려서 여러분의 시선을 즐겁게 만들었어야 했는데 말이다.

나는 여러분이 알고 있는 아가씨들과 상당히 닮았다는 중대한 잘못이 있는 〈올랭피아〉도 다시 보았다. 정말이지, 다른 화가들과는 다르게 그리겠다는 이상한 강박관념 아닌가! 만일 마네가 최소한 카바넬의 하얀 분첩이라도 빌렸더라면, 그래서 올랭피아의 뺨과 가슴에 약간의 분칠이라도 해줬더라면, 그 젊은 여인은 그래도 봐줄 만했을 텐데. 그 그림엔 대중을 즐겁게 해주는 고양이도 한 마리 있다. 정말이지 그 고양이는 아주 고난도의 코미디로, 미친 사람이 아니면 어떻게 거기에 고양이를 한 마리 그려 넣을 생각을 했겠는가? 고양이 한 마리라, 여러분도 상상을 해보라. 그것도 검은 고양이다. 정말 이상하다고? 오, 가련한 대중이여, 어쩌면 그대들의 생각은 그리도 단순한가! 고백하라, 그대들이 살롱을 찾는 것은 바로 올랭피아의 그 전설적인 고양이 때문이라는 것을. 그대들은 그곳에 가서 고양이만 찾아다닐 것이고, 그래서 그대들을 즐겁게 만들어주는 고양이를 발견했을 때 그대들은 하루를 공쳤다고 생각하지 않는다.

내가 확실히 선호하는 작품은 올해 낙선한 〈피리 부는 소년〉이다. 빛이 비치는 회색 바탕 위에, 작은 조끼에 붉은 바지를 입고 경찰관의 약모를 쓴 어린 음악가가 뚜렷이 드러난다. 그는 정면으로 서서 피리를 불고 있다. 나는 이 작품이 내게 남겼던 인상을 회상하면서 마네의 재능이 간결함과 정확성에 있다는 걸 소리 높여 말한다. 나는 이렇게 단순한 방식으로 어쩌면 그렇게 강렬한 효과를 만들어 낼 수 있는지 믿기지가 않는다.

마네의 기질은 목적을 달성시키는 담백한 기질이다. 그는 형체를 생생하게 포착한다. 그는 자연의 갑작스러운 용출 앞에서 물러서지 않는다. 그는 각각 부각되는 다양한 사물들을 생생하게 표현한다. 그는 모든 사물을 단순하면서도 힘찬 색조와 형태로만 바라본다. 그래서 그는 정확한 색조들을 찾아서 캔버스 위에 그것들을 배치하는 것이다. 이렇게 하여 그의 캔버스는 강렬하고 힘찬 페인팅으로 채워진다. 나는 이 그림에서 진실에 대한 호기심을 가진, 그리고 자신의 독특하고 힘찬 삶으로부터 살아 있는 세계를 끌어내는 한 남자를 발견한다.

여러분은 살롱에서 마네의 작품들이 어떤 효과를 만들어내고 있는지 아는가? 그것들은 그저 벽에 구멍을 낸다. 그의 그림 주변엔 온통 현재 유행하고 있는 예술 제과점의 달콤함, 말하자면 설탕 캔디 나무, 파이로 만든 집, 향신료가 가미된 빵으로 만든 남자와 바닐라 크림으로 만든 여인들이 전시되어 있다. 사탕 가게는 더 핑크빛이 되었고 더 달콤해졌다. 그런데 이 예술가의 살아 있는 작품들만이 이 우유의 강 가운데서 쓰디쓴 맛을 내는 것처럼 보인다. 또한 전시실을 지나가는 몸집만 어른 같은 아이들이 인상을 찌푸리는 것도 아주 볼 만한 광경이다. 쉽사리 이들에게 삶의 실체인 진짜 고기를 먹도록 할 생각은 꿈도 꾸지 마라. 이들은 불행한 사람들처럼 자신들에게 제공되는 온갖 종류의 구역질 나는 설탕 과자로 배를 채우고 있으니까.

여러분 주변의 그림을 더 이상 보지 마라. 전시실을 오가는 살아 있는 사람들을 바라보라. 전시실 바닥 위와 벽 위에 있는 그들 육체의 대비를 연구해 보라. 그런 후에 마네의 그림을 바라보라. 여러분은 거기에 진실과 힘이 있음을 보게 되리라. 이제 여러분 주위에서 바보처럼 웃고 있는 다른 그림들을 보라. 당신도 웃음을 터트릴 것이다. 그렇지 않은가?

마네의 작품들은 쿠르베의 작품들이나 강렬하고 독창적인 기질을 지닌 다른 모든 예술가들의 작품들처럼 루브르(Louvre)에 전시되어야 한다. 하지만 쿠르베와 마네 사이에는 최소한의 공통점도 없다. 이 두 예술가들은, 그들이 논리적이라면, 서로가 서로를 부인해야 한다. 그것은 바로 그들이 전혀 유사하지 않기 때문이며, 각자가 독특한 삶을 영위할 수 있기 때문이다.

나는 그들을 비교할 수 없다. 나는 어떤 절대적 가치에 따라서 예술가들을 평가하지 않으며, 그냥 내 방식대로 그들의 작품을 감상할 뿐이다. 나는 예술가들의 독특한, 진실과 힘에 의해 뚜렷이 드러나는 개성만을 수용할 뿐이다.

나는 여러분의 생각을 알고 있다. "당신은 기이한 것을 독창적인 것으로 간주하는군. 따라서 일반 화가들의 작품 성향과 다르기만 하면 좋은 작품이라고 생각하는군." 선생님들께서 마네의 아틀리에를 직접 방문해 보라. 그런 후에 선생님들의 화실로 돌아가서 그가 하는 것을 하려고 노력해 보라. 여러분이 대중의 즐거움을 빼앗아간다고 비난하는 이 화가를 흉내 내면서 한번 즐겨보라. 그러면 여러분은 세상을 비웃는다는 것이 그리 쉽지 않다는 것을 알게 될 것이다.

나는 마네 선생에게 합당한 일등 지위를 찾아주려고 노력했다. 여러분이 마네를 비웃었듯이 나도 비웃을 것이다. 언젠가 우리 둘 모두는 보복을 당할 것이다. 하지만 비난 속에서도 나를 지지해 주는 영원한 진실이 있다. 그것은 오로지 기질 또는 개성만이 시대를 초월해서 살아남는다는 것이다. 마네 선생이 승리하는 날이 올 것인가? 그가 자기를 둘러싸고 있는 비열한 자들을 굴복시키는 것이 가능할 것인가? 불가능하다. 불가능이란 말을 들었는가?

승리해야만 하는 사람들은 거짓말쟁이들, 과거의 대가들로부터 독창성을 도둑질한 자들이다. 그들은 나무와 인물을 복사하는 자들이며, 그들은 자신이 누군지도, 그리고 자신들이 무엇을 비웃는지도 모르는 사람들이다. 그 사람들은 내일의 시체들이다. 이미 10년 전부터 죽어 있는 사람들도 있다. 그래서 그들을 매장하려고 하면, 그들은 다시 살아나면서 만일 살롱이라는 커다란 공동묘지 구덩이로 살아 있는 작품을 끌어늘인다면 그것은 예술의 존엄성을 모욕하는 행위라고 소리 지를 것이다.

# 살롱의 사실주의자들

5월 11일[15)]

만일 독자들이 한순간이라도 내가 여기서 어떤 특정 유파의 기수 역할을 한다고 생각한다면 나는 크게 실망할 것이다. 게다가 나를 사실주의 문학가로 취급하는 것도 나를 잘못 이해하는 것이다.

내가 속해 있는 유파가 있다면 그것은 삶과 진실을 탐구하는 유파일 것이다. 어쩌면 나는 인간을 탐구하던 디오게네스와 약간 닮았다. 나 역시 예술을 통해서 인간과 새롭고 강렬한 기질을 탐구하기 때문이다.

나는 사실주의란 용어가 내게 아무런 명시적 의미를 주지 않기 때문에, 사실주의를 대수롭지 않게 여긴다. 만일 여러분이 이 용어를 화가들이 사실적 자연을 표현하거나 연구해야 하는 필요성으로 이해한다면, 의심할 여지없이 모든 예술가는 사실주의자들이라고 할 수 있다. 꿈을

---

15) 1866년 5월 11일자 <레벤망> 게재 기사(편집자 주).

그린다는 것은 아이들과 여인들의 장난이다. 남자들은 현실 세계를 그린다.

남자들은 자연을 포착해서 그것을 표현한다. 그들은 자기들의 독특한 기질을 통해서 그것을 시각적으로 재생하는 것이다. 그래서 각각의 예술가는 우리에게 서로 다른 세계를 제시하는 것이며, 나는 기꺼이 이 다양한 세계들을 수용할 것이다. 그 각각의 세계가 어떤 기질을 생생히 표현하고 있다면 말이다. 나는 들라크루아의 세계와 쿠르베의 세계를 모두 좋아한다. 나의 이런 선언을 고려한다면 아무도 나를 특정 유파에 가둬두지 못할 것이다.

다만 우리 시대에 심리적 분석이 도래했다는 점을 지적하고 싶다. 과학의 바람이 불고 있는 것이다. 우리의 성향과 관계없이 우리는 사실에 대한 정확한 연구를 바탕으로 사물을 바라보아야 한다. 또한 현재 부각되는 모든 강렬한 개성들은 진실이라는 의미에서 각인되고 있다 이 시대의 움직임은 확실히 사실주의적, 아니, 차라리 실증주의적이다. 따라서 나는 그런 움직임을, 우리가 살고 있는 시대를 주도하는 사람들을 존중하지 않을 수 없다.

하지만 내일이면 또 다른 천재성이, 우리에게 새로운 지평을 열어줄 강력한 정신이 탄생할 것이고, 나는 그것에게 찬사를 보낼 것이다. 나는 마네킹이 아니라 살과 뼈를 지니고 있는 인간을, 말로만 하는 거짓말이 아니라 자기의 온몸으로 우리에게 진실을 고백하는 그런 인간을 탐구한다고 아무리 강조해도 지나칠 것이 없다고 생각한다.

누군가 나는 "미래의 미술"을 찬양하는 사람이라고 글 쓴 바 있다. 나는 그 표현이 무엇을 의미하는지 모른다. 나는 각각의 천재성이 독립적으로 탄생하며, 그 계승자들을 남기지 않는다고 생각한다. 미래의 미술에 대해서 내가 걱정할 필요는 없다. 왜냐하면 그것은 미래의 예술가와 미래 사회의 몫이니까.

우리 시대의 위대함은—그것은 허수아비이지만—그것은 사실주의가 아니라 기질이다. 서로 유사하지 않은 우리 인간은 그것 때문에 스스로 의심의 대상이 된다. 대중은 이해하지 못하는 순간부터 비웃게 된다. 천재성을 인식하게 하려면 전적인 교육을 해야만 한다. 문학과 예술의 역사는 인간의 정신이 새롭게 표출될 때마다 그것을 덮어버리려던 비난을 보여주는 순교자의 명부다.

살롱에는 사실주의 작품들이 있고—나는 그들의 기질에 대해서 더 이상 언급하지 않겠다—그 작가들은 진실된 자연을 보여주겠다면서 그것의 온갖 노골적인 면과 잔혹한 면을 표현하고 있다.

작품에 생기를 주는 강력한 개성이 부재한 상태에서 그저 정확한 관찰만을 강조하는 이런 행태가 얼마나 우스꽝스러운 것인지를 알려주기 위해서 나는 우선 모네(Monet), 리보(Ribot), 보용(Vollon), 봉뱅(Bonvin), 루아베(Roybet)에 대한 나의 솔직한 견해를 피력하겠다.

내가 쿠르베와 밀레(Millet)를 따로 떼어놓은 이유는 그들에 대해서 별도의 연구를 바치고 싶기 때문이다.

나를 가장 오랫동안 잡아둔 작품은 모네의 〈카미유(Camille)〉였다는 것을 고백한다. 그것은 에너지와 생기가 있는 작품이다. 새로운 재능이라곤 전혀 발견되지 않던 그 차갑고 공허하며 지겨웠던 전람실의 회람을 막 끝낼 무렵, 나는 마치 벽에 구멍이라도 나 있는 듯 벽에 파묻혀서 긴 치마를 땅에 끌고 가는 이 젊은 여인을 발견했다. 씁쓸히 웃으면서 양 어깨만 들썩이는 데 지쳐 있다가 갑작스레 이런 명작을 만나 찬사를 보낼 수 있는 것이 얼마나 기분 좋은 일인지 여러분은 모를 것이다.

나는 모네란 작가를 모른다. 예전에 그의 그림을 관심 있게 바라보았던 적도 없었던 것 같다. 그런데도 나는 그의 오랜 친구 중의 한 사람같이 느껴졌다. 왜냐하면 그의 작품이 내게 진실되고 활력 있는 이야기를 해주었기 때문이다.

그렇다! 이런 것이 바로 기질이며, 여기 진짜 예술가가 있는 것이다. 주변의 그림들을 보라. 그리고 자연을 향해 활짝 열린 이 창문 옆에서 이 그림들이 얼마나 처량한 표정을 짓고 있는지 확인해 보라. 이곳엔 단 한 명의 사실주의자, 냉철함 속에서도 놓치지 않고 각각의 세부 사항을 표현할 줄 아는 섬세하면서도 강렬한 한 사람의 통역사가 있을 뿐이다.

여인의 치마를 보라. 유연하면서도 단단하다. 바닥에 조용히 끌리고 있는 이 치마는 생명이 있으며, 치마를 입고 있는 여인이 누구인지 큰소리로 말해주고 있다. 이것은 인형의 치마가 아니며, 꿈을 감싸는 모슬린 천 조각이 아니다. 이건 진짜 비단으로 뒤뷔프 선생이 그린 휘핑크림을 으깨버릴 것처럼 무거워 보인다.

나한테 사실주의 화가와 기질에 대해서 문의 편지를 쓴 분이 있었는데, 그렇다면 리보의 그림을 보자. 나는 리보가 자신만의 기질이 있다는 것을 부인하지는 않지만, 그가 자연을 진실되게 표현하고 있다는 말에는 동의하지 않는다.

우선 진실성에 대해서 말해보자. 사원의 한구석에서 예수가 동방박사들 가운데 있는 이 커다란 작품을 보라. 여기엔 그림자가 넓게 자리 잡고 있다. 빛은 판자를 통해

희끄무레하게 비치고 있을 뿐이다. 여기 어디에 피가 있고 생명이 있단 말인가? 이건 사실적이 아니다! 게다가 아기 예수와 동방박사들의 얼굴엔 표정이 없다. 이들의 투실투실하고 물렁물렁한 육체엔 뼈가 없다. 이건 그 인물들의 유형이 통속적이기 때문이 아니라 이 작품이 사실적이 아니기 때문이다. 내가 사실적이라고 부르는 작품은 살아 있는 작품, 그 작품 속의 인물들이 움직이고 말을 하는 그런 작품이다. 그러나 리보의 작품에서 나는 창백하고 생명이 없는, 죽어 있는 생명체밖에 볼 수 없다.

만일 강력하고 특별한 기질로 거짓말을 한다면 진실이 대체 무슨 소용이냐고 나는 말한 바 있다. 내 마음에 들기 위해서 리보는 더 노력해야 한다. 이 희끄무레한 빛들과 지저분한 그림자들은 단순한 편견에서 비롯된 것이다. 이 예술가는 자기의 개성을 자연에 억지로 투사시키면서 이 생기 없는 세계를 만들어낸 것이다. 불행한 것은 그가 모든 것으로부터 아무것도 창조해 내지 못했다는 사실이며, 그가 그려낸 세계는 이미 오래전부터 존재하고 있다는 점이다. 그의 세계는 이제야 프랑스화된 스페인의 세계다. 작품만이 진짜가 아닌 것이 아니라 그것은 살아 있지도 않고, 또 새로운 천재성의 표현도 아니다.

리보가 예술에 새롭게 기여한 것은 없다. 그는 자기의

목소리로 말하지 않았으며, 우리에게 가슴이나 육체를 보여주지도 않았다. 여기에서 그는 그의 무용한 기질을 보여주었고, 나와 그의 만남은 불행한 것이었다. 물론 나는 앞서 말해야 했던 나약한 여성스러움보다 비록 진짜가 아닐지라도 그의 힘과 개성을 좋아한다. 그럼에도 불구하고 "조심해! 이건 가짜야. 외형적으론 힘차고 진실되게 보이지만, 뼛속까지 들어가 보면 거짓과 공허밖에는 발견하지 못할 거야"라는 목소리가 나의 내부 저 깊숙한 데서 들려오는 것은 어쩔 수 없다.

많은 사람들에게 있어서, 예를 들어 보용 선생 같은 경우에, 사실주의란 천박한 주제를 선정하는 것이라고 여겨지는 것 같다. 올해 보용 선생은 자신의 부엌에서 일하고 있는 하녀의 모습을 작품으로 완성했다. 시장에서 막 돌아온 뚱뚱한 하녀는 바닥에 장을 본 물품을 늘어놓고 있다. 그녀는 붉은 치마를 입은 채 볕에 그을린 팔뚝과 뚱뚱한 얼굴을 보여주며 벽에 기대어 있다.

나는 이 그림 속에서 사실적인 것을 전혀 발견하지 못한다. 왜냐하면 이 하녀는 통나무 같고, 벽에 너무 붙어 있어서 벽으로부터 그녀를 떼어낼 수가 없을 것 같기 때문이다. 빛이 내리쬐는 자연 속에서 사물들은 이 그림과는 다르게 보인다. 부엌은 원래 통풍이 잘 되는 곳이고, 그래서 그곳에 있는 사물들은 그림에서처럼 햇볕에 그을려 있거나 열기에 익힌 것 같은 색상이 아니다. 그리고 부엌 내부가 부드럽게 처리되었지만 빛과 그림자의 대비나 얼룩은 더 강해야 한다. 모든 것이 동일한 평면에 놓여 있다고 보이지 않는데, 왜냐하면 사실적 모습은 이것들보다 훨씬 더 거칠고 더 힘차기 때문이다.

보용 선생, 장미를 그려보시오. 하지만 당신이 스스로 사실주의자라고 생각한다면 살아 있는 장미를 그리시오.

봉뱅 선생 역시 내가 보기엔 진실의 플라톤적 연인이다. 그는 사실적 삶에서 주제를 찾았지만, 그가 진실을 대하는 방식은 유행을 타는 몇몇 작가들이 몽상을 처리하는 방식과 다를 바 없다. 작품의 인물 묘사에는 생명이 제거되었기 때문에 내가 무어라 말할 수 없는 무미건조함과 치졸함이 있다.

봉뱅이 그린 할머니는 점잖게 앉아서 무릎 위에 성경을 놓고서 커피를 마시고 있다. 할머니의 얼굴은 긴장되어 인상을 쓰고 있는 것 같다. 또 너무 세세하게 묘사되면서 정성스럽게 그린 주름 속으로 시선이 감춰져 버렸다. 차라리 안정된 자세에 하나의 응십된 얼굴 모습이 더 좋았을 것 같다. 또한 분산된 효과 때문에 인물의 머리가 바탕화면에서 힘차게 드러나지 못한 점도 아쉽다.

살롱이 시작되기 전부터 루아베 선생의 〈앙리 3세 치하의 광인(Un fou sous Henri Ⅲ)〉이란 작품은 세간의 화제였다. 사람들은 그의 뚜렷한 개성과 대범한 사실주의에 대해서 말하곤 했다. 나는 그 작품을 보았다. 그런데 왜 일찍부터 그런 찬사가 나왔는지 이해할 수가 없다. 그 작품은 정직한 그림으로, 강력하지만 절제된 힘에 의해 확실히 아몽(Hamon)의 그림보다는 더 탄탄해 보였다.

하지만 내가 보기에 사람들이 말하던 개성은 드러나지 않았다.

온통 붉은색의 옷을 입은 광인은 끈을 맨 두 마리의 개를 거느리고 있는데, 그 두 마리의 개는 두 명의 아이들 같다. 그는 이를 드러내며 웃고 있는데, 그를 보고 있노라면 마치 옷 입은 사티로스를 보는 것 같다.

이 작품의 주제는 별로 중요하지 않다. 하지만 내가 보기에 최악인 것은 이 개들과 특히 사람이 너무 귀여운 방식으로 그려졌다는 것이다. 여기에서도 역시 세부 묘사가 작품 전체를 지배하고 있다. 옷감에는 유연성이 없고, 인물의 두 손은 나무로 만든 팔레트를 닮았으며, 얼굴은 정성 들여서 끌로 다듬은 것 같다.

이 모든 것에서 나는 사람의 체온을 느낄 수 없다. 그나마 내가 호감을 갖는다면, 그것은 자기의 주인보다도 똑바로 서 있는 두 마리의 개다.

이들이 살롱의 사실주의를 대표하는 작가들이다. 내가 언급을 하지 않은 사람들도 있지만, 어쨌든 나는 가장 핵심적인 작가들을 언급하면서 그들의 작품을 분석했다. 내가 다시 반복하건대, 나는 단순히 내가 어떤 유파에도 속해 있지 않다는 것을 이해시키려고 했으며, 내가 작가들에게 유일하게 요구하는 것은 개성과 힘을 지니라는 것이라는 사실을 이해시키려고 했을 뿐이다.

나는 내가 엄격하려고 노력했던 만큼 사람들이 나를 오인할까 봐 걱정도 했다. 나는 누군가 나에게 알려줬던 표현처럼 짐짓 과장되고 어설픈 기질에는 추호의 관심도 없다. 나는 진짜로 독특하고 아주 뚜렷한 개성만을 인정한다. 나는 유파라는 것 자체가 마음에 들지 않는데, 왜냐하면 인간의 창조적 자유를 부인하는 것이 바로 유파이기 때문이다. 어떤 유파에나 대가라는 사람이 한 명 있기 마련이고, 그 추종자들이란 필연적으로 그 대가를 모방하는 사람들이다.

따라서 사실주의란 다름이 아니라 진실한 것, 삶에 대한 것, 특히 자연을 각기 나른 방식으로 해석하여 각기 다른 가슴과 육체로 표현해야 하는 것일 뿐이다. 예술 작품에 대한 정의는 다름이 아니라 바로 이것이다. "하나의 예술 작품은 하나의 기질을 통해서 드러나는 삼라만상의 한 모퉁이다."[16]

16) 이 기고로 인해 〈레벤망〉 독자들의 성난 항의가 빗발쳤다. 마네에 대한 찬사가 톡톡히 결실을 맺었던 것인데, 즉 이런 화가를 찬양하는 비평가를 더 이상 묵인할 수 없다는 반응이었다. 그들은 살벌하게 나의 기고권 박탈을 요구했다. 빌메상 선생님은 – 나는 이분께 더 이상 어떻게 고맙다는 말을 해야 할지 모르겠는데 – 대중에게 굴복할 수밖에 없는 지경에 이르고 말았다. 나와 독자들 사이의 갈등을 해소하기 위해서 선생님은 자신의 가장 절친한 동료 중의 한 분인 테오도르 펠로케(Théodore Pelloquet) 선생님을 나의 후견인으로 내세워서, 우리가 서로 인정하는 내용에 한해 향후 세 개의 기사를 더 게재한다는 방법을 제안함으로써 이 소란을 잠재웠다. 이렇게 하여 〈레벤망〉은 모든 사람의 입맛에 맞는 비평문을 싣게 될 것이다. 그래서 대중 또한 요리의 다양성에 대해서 더 이상 불평을 할 수 없을 것이다(지은이 주).

# 추락

5월 15일[17)]

요즘 살롱에서는 쿠르베의 작품들 앞에서 대단한 광경이 벌어지고 있다. 내가 예술적 관점에서조차 연구해 보고 싶을 정도로 호감이 생기는 것, 그것은 언제나 예술가들이 아니라 대부분 단 하나의 단어로, 단순한 몸짓 하나로 순진하게 우리의 예술적 수준을 알려주는 대중이다. 때때로 대중을 조사해 볼 만하다.

올해 쿠르베의 작품들은 매력적이라는 평가를 받았다. 그가 그린 풍경은 섬세하며, 여인에 대한 묘사도 대단히 정확하다고 생각한다. 아주 무감각해 보이는 사람들조차도 이 오르낭의 대가 앞에서 감탄하는 걸 목격했다. 그런데 이것이 바로 나의 의구심을 자극했다. 나는 사물의 이치를 이해하고 싶다. 그런데 나는 대중의 이런 갑작스러운 비약적 반응을 즉각적으로 이해할 수 없었던 것이다.

---

17) 1866년 5월 15일자 〈레벤망〉 게재 기사(편집자 주).

하지만 내가 그 작품들을 좀 더 가까이에서 바라보고 난 후에야 나는 모든 것이 이해되었다. 나는 개성, 개인의 속성에 따른 특이한 인상이 예술의 관건이라고 강조한 바 있다. 개성이 없는 그림일수록 온갖 맛을 낸다. 올해 보여준 쿠르베의 작품들에서 그의 천재성인 투박한 관점은 너무 부드럽게 처리되어 있다. 그는 자기의 개성을 너무 감추었고, 그래서 대중은 이 화가가 모든 사람과 유사하다고 여기기 때문에 박수를 치는 것이며, 결국은 이 대가를 자신들의 발밑에 놓고 보며 만족해하는 것이다.

나는 이것을 감추고 싶지 않으며, 어떤 집단의 비밀을 파고드는 것 같은 은밀한 쾌감까지 느꼈다. 나는 예술의 생명에 대해서 더 이상 걱정하지 않는다. 나는 대중들 자신을 그들의 침실 밖으로 쫓아내는 여론의 커다란 흐름을 공부하면서 대단한 즐거움을 느끼고 있다. 내게 있어서 어느 대가가 그의 위대함을 증명하던 그 무엇을 상실한 바로 그날부터 대중의 칭송을 받게 된다는 사실보다 더 의아스러운 것은 없다.

나는 쿠르베를 존경한다. 그리고 나는 그것을 잠시 후에 증명할 것이다. 하지만 지금 나는 여러분에게 그가 〈목욕하는 여인(La Baigneuse)〉과 〈오르낭의 장례식(Le Convoi d'Ornans)〉을 그렸던 시절을 생각해 보라고 요청한다. 과연 이 웅장한 두 작품이 올해의 작품들처럼 부드럽고 달콤한 것이었던가? 〈목욕하는 여인〉과 〈오르낭의 장례식〉을 그리던 시절의 쿠르베는 비웃음의 대상이었고, 대중은 그에게 돌을 던졌다. 그러나 오늘날 아무도 그를 비웃지 않으며, 아무도 그에게 돌을 던지지 않는다. 쿠르베는 자기의 날카로운 발톱을 감췄고, 자기의 전부를 보여주지 않는다. 이런 그에게 세상은 박수를 보내고, 왕관을 수여한다.

나는 보나마나 나한테나 통할 그런 규칙을 하나 감히 제시하고자 한다. 그것은 대중의 찬사는 언제나 천재적 개성에 반비례한다는 것이다. 여러분이 보편적일수록 여러분은 사람들의 칭송을 받게 될 것이다.

바로 이런 이유에서 대중은 나로 하여금 중대한 고백을 하게 만든다. 나는 대중에 대해서 최고의 존경심을 지니고 있다. 그러나 나한테 대중을 인도할 권한은 없다고 할지라도 최소한 그들을 연구할 권리는 있다고 생각한다.

대중이 무미건조한 기질, 보편적인 정신을 선호하기 때문에, 나는 그들의 판단에 의구심을 갖고 있으며, 따라서 사람들이 말하는 것처럼 내가 예술의 전민이나 나병 환자를 예찬했다는 사실이 그렇게 크게 잘못된 것이 아니라고 생각한다.

그리고 내가 쿠르베에 대해서 느끼고 있는 이 커다란 존경심에 대해서 사람들이 오해하는 것을 원치 않기 때문에, 나는 이 자리에서 1년 전 프루동의 책이 출간되었을 때 내가 다른 곳에서 이미 말했던 것을 다시 언급하고자 한다.

내가 존경하는 쿠르베는 단순히 하나의 개성이다. 그는 플랑드르파의 화가들과 르네상스의 몇몇 대가들을 모방하면서 미술을 시작했다. 하지만 그의 본성은 새로운 것을 요구했고, 그는 그의 육체에 의해－그의 육체란 말을 기억해야 한다－그를 둘러싸고 있는 물질적 세계로, 뚱뚱한 여인과 건장한 남자, 비옥하고 초목으로 뒤덮인 들판을 향해 시선을 돌리게 되었다. 키는 작았지만 다부지고 정열적인 그는 자신의 양팔로 진정한 자연을 껴안고 싶다는 강렬한 욕망을 지니고 있었다. 그는 풍만한 육체와 풍요로운 대지를 그리고 싶어 했다.

젊은 세대는, 내가 말하는 젊은이란 20~25세의 사람들인데, 쿠르베를 거의 알지 못한다. 나는 오트푀유(Hautefeuille)가에 있는 그의 아틀리에를 방문하여－그는 부재중이었지만－그의 초기 작품들을 볼 기회가 있었다. 나는 깜짝 놀랐다. 그리고 사람들이 흉측하다고 조롱하던 그 장엄하고 강렬한 작품들을 대하면서 단 한마디도 동조할 수가 없었다. 어떤 풍자화나 괴상망측한 판타지 정도를 기대했는데, 내가 막상 본 것은 대범하고 간결하면서도 아주 솔직하고 밀도 있는 작품이었다.

인물들은 천박함이 없이 사실적이었다. 단단하면서도 유연한 육체들은 힘차게 살아 있었고, 탁 트인 배경은 형태에 놀라운 생기를 주고 있었다. 약간 희미한 채색 방식은 달콤하다고까지 할 수 있을 조화를 이뤄내고 있었으며, 색상의 정확성과 능숙한 솜씨는 세세한 부분들까지 기묘한 입체감을 지니도록 하고 있었다. 눈을 감으면서 나는 하나의 튼튼한 구도로 진실에 가깝도록 사실적이었던 그 힘찬 작품들을 떠올려본다. 쿠르베는 육신을 만들어내는 작가군에 속한다.

확실히 이 대가에 대한 찬사는 내가 아무리 강조해도 지나침이 없을 것이다. 나는 이 대가를 그의 힘과 개성 때문에 사랑한다.

나는 이 대가에게 대중이 그의 작품을 보려고 모여든다는 사실을 알려주면서 다음과 같이 말하고자 한다.

"조심하세요. 선생님께서는 마침내 대중의 존경을 받게 되었군요. 저는 언젠가 선생님이 신처럼 존경받는 날이 올 것이라는 것도 잘 알고 있습니다. 하지만 제가 선생님의 입장이라면 내 손이 약해지는 이 순간에, 더 이상 어떤 배려나 타협도 없이 나의 속성에 따라 나를 표현하기 위해서 나의 내면을 탐구하지 못하게 된 이 시점에서야 비로소 내가 인정받고 있다는 사실에 몹시 화가 날 것입니다."

나는 〈앵무새를 든 여인(La Femme au perroquet)〉[18]이 아주 명료하고 세밀하게 묘사된 훌륭한 작품이라는 것을 부인하는 것이 결코 아니다. 나는 〈사슴의 은신처(La Remise des chevreuils)〉가 별 매력이 없다거나 생명력이 없다고 말하려는 것도 아니다. 그러나 이 그림들에는 내가 무어라 말할 수 없는 쿠르베 특유의 힘과 의지가 결여되어 있다. 부드러움과 미소가 있는 그림, 한마디로 쿠르베는 예쁘게 그림을 그렸다!

그가 받은 커다란 메달도 세간의 화제다. 만일 내가 쿠르베였다면, 나는 〈사냥감(La Curée)〉[19]이나 〈돌 깨는 사람(Casseurs de pierres)〉을 폄하했던 자들이 〈앵무새를 든 여인〉에게 부여하는 최고의 상장을 원치 않았을 것이다. 나는 사람들에게 나의 친절함 때문이 아니라 나의 천

---

18) 우리에게는 〈누드와 앵무새〉란 제목으로 알려져 있다.

19) 우리에게는 영어 제목인 〈The Quarry〉로 더 많이 알려져 있다.

재성 때문에 나를 인정해 달라고 요구할 것이다. 나라면 나의 이 두 작품에 주어진 찬사 때문에 오히려 주체할 수 없을 슬픈 생각에 잠길 것인데, 왜냐하면 나의 마음속에 이렇게 강한 여성이 자리하고 있음을 몰랐기 때문이리라.

살롱에는 내가 슬퍼해 마지않던 두 명의 작가가 더 있는데, 바로 밀레와 테오도르 루소(Théodore Rousseau)가 바로 그들이다. 이 두 화가는 과거에도, 그리고 미래에도 여전히 내가 가장 열렬하게 존경을 표명할 개성 있는 작가들이다. 그런데 이번 살롱에서 나는 그들의 뛰어난 관찰력과 확신에 찬 붓놀림이 상실되어 있는 것을 발견했다.

나는 처음 보았던 밀레의 작품들을 기억한다. 끝없이 펼쳐진 지평선, 나는 캔버스에서 마치 대지의 숨결을 느끼는 듯했다. 겨우 한두 명의 사람만이 있는 널따란 벌판을 바라보고 있노라면, 그 광활한 대지는 내게 진실의 시를 들려주었던 것이다.

나는 지금 시인처럼 말하고 있는데, 화가들은 이런 걸 싫어한다. 나도 그걸 알고 있다.

직업적으로 말하면, 밀레의 그림은 풍요롭고 탄탄했으며, 커다란 힘과 정확성이 있었다. 이 예술가는 진정한 모든 예술가들처럼 단순한 부분으로 전체를 처리할 줄 알았다.

하지만 올해 그가 보여준 작품은 물렁거리고 불확실하다. 마치 그가 압지에 그림을 그려서 유화가 번진 것 같다. 사물은 바탕에 들러붙은 것같이 보인다. 뜨겁게 데운 밀랍으로 그림을 그린 것처럼 여러 색상이 서로 녹아버렸다.

그가 보여주는 풍경에서 나는 현실감을 느낄 수 없었다. 어느 작은 마을 너머로 갑자기 지평선이 펼쳐진다. 이 광활함 속에 한 그루의 나무가 서 있다. 이 나무 뒤로 넓은 하늘이 전개된다. 아무리 봐도 이 그림에는 자연스러움과 솔직함이 없으며, 모든 색조가 특성 없이 뒤섞여 있다. 그래서 하늘이 좁아 보이고, 나무는 구름에 붙어 있는 것처럼 보인다.

테오도르 루소의 경우에도 마찬가지 이야기다. 아니, 어쩌면 그것은 더 슬픈 이야기다.

살롱을 나오면서 나는 뤽상부르 미술관(Musée du Luxembourg)에 전시된 이 예술가의 풍경화를 보러 가고 싶었다. 석양의 붉은 노을 바탕으로부터 검은색으로 입체감을 갖던 그 힘차게 뒤틀린 나무를 여러분도 기억하는가? 초원에는 소들이 있었다. 이 작품은 심오하면서도 고통스럽다. 이 작품에서는 자연이 사실적이라기보다 힘찬 정신력에 의해 표현된 나무와 소와 하늘이 화가의 가슴에서 탄생한 자연 풍경의 뭉클한 감동을 우리에게 특이한 언어로 전달해 준다.

이렇던 테오도르 루소가 어떻게 오늘날 이런 지루한 작품을 그려놓고 만족해하는지 나는 알 수가 없다. 살롱에 전시된 그의 풍경들을 보라. 나뭇잎과 조약돌을 셀 수 있을 것 같은 그의 작품들은 작은 나무 막대기로 색상을 방울방울 찍어서 캔버스에 붙인 것 같다. 자연의 너그러움은 사라졌고, 모든 것이 작아졌다. 세심하고 지루한 묘사로 인해 그의 기질은 사라져버렸다. 화가의 눈은 지평선의 광활함을 포착하지 못했고, 그의 손은 기질이 해석하고 수용한 인상을 표현해 내지 못했다. 그래서 나는 그의 그림 앞에서 아무런 생동감을 느끼지 못한다. 나는 테오도르 루소에게, 그가 예전에 했던 것처럼 자연의 한 부분을 그의 손아귀에 잡아넣으라고 부탁했지만, 그는 그것을 잘게 부숴서 내게 가루로 보여주며 즐거워하고 있다. 그의 시나산 과거가 그에게 소리치고 있다. 크게, 힘차게, 생동감 있게 그려라.

걱정거리가 하나 생겼다. 이 기고문의 제목이 대단히 기혹하다. 오늘 나는 내가 사랑하고 존경하는 예술가들을 너무나 지독하게 비판해야만 했다. 하나의 간단한 사례로 내 변명을 대신하고자 한다.

마네에 대한 나의 기사가 출판된 이후에 나는 친구를 한 명 만나서 그에게 내가 지금까지 언급했던 작품들에 대한 나의 솔직한 느낌을 이야기했다.

"절대로 그런 말은 하지 마" 하고 그는 소리쳤다. "그건 형제를 때리는 거야. 사람은 소속을 정하고 집단을 구성해야 되는 거야. 그리고 어찌 되었던 자기편을 보호해야지. 너는 개성론의 깃발을 들었지. 모든 사람에게 개성이 있다고 칭찬해, 거짓말을 좀 하란 말이야."

그래서 나는 서둘러 이 몇 줄을 추가하는 바다.

# 어느 예술비평가의 고별사

5월 20일[20)]

나는 아직도 두 편의 기고문을 쓸 권한이 있다. 하지만 그냥 한 편만 쓰고자 한다. 원래의 생각으로 〈나의 살롱〉은 16~18회 정도의 기고로 이루어져야 될 것 같았다. 그러나 대중의 강력한 뜻에 따라 나는 더 이상 나만의 생각을 전개할 충분한 공간을 갖지 못하게 되었고, 그래서 갑작스럽지만 이 연재 기고를 끝내면서 대중에게 내 경의를 표하는 것이 더 좋겠다고 생각한 것이다.

사실 나는 기쁘다. 상처가 어디인지도 모르고서 위독한 환자의 몸 여기저기를 손가락으로 눌러보다가 갑자기 공포와 불안에 휩싸인 환자의 비명을 듣게 되는 의사를 상상해 보라. 나는 내가 그렇게 환부를 눌렀고, 그래서 사람들이 화가 난 것이라고 혼자서 생각해 보았다. 환자가 치유를 원치 않는데 내가 어쩌겠는가. 다만 나는 상처가 어

20) 1866년 5월 20일자 〈레벤망〉 게재 기사(편집자 주).

디인지 이제 알게 되었다.

나는 사람들을 고문하면서 하찮은 기쁨에 취했다. 각고의 노력 끝에 미미한 충돌로도 박살 나버릴 그런 취약한 명성을 얻어낸 작가들에게 내가 너무 심하게 굴었다는 것도 나는 잘 알고 있다. 만일 내가 양심선언을 한다면, 세상 사람들을 즐겁게 해주기 위해서 힘들게 고생했던 훌륭한 분들이 평온함을 느낄 수 있도록 내가 나를 서슬이 시퍼렇게 꾸짖어 벌벌 떨게 만들어야 할 것이다.

프로망탱(Fromentin), 나종(Nazon), 뒤뷔프, 그리고 제롬에 대해서 준비했던 나의 원고를 나는 기꺼이 포기한다. 내 머릿속에는 아직도 많은 작가들이 있고, 나는 그들을 보다 단호하게 만들기 위해서 즐거운 마음으로 칼날을 갈고 있었다. 그러나 이제 여러분에게 맹세하건대, 나는 은밀한 쾌감을 느끼며 나의 모든 무기들을 이 자리에서 버린다.

나는 프로망탱에 대해서는 물론, 그가 작품을 돋보이게 하기 위해서 가미한 매콤한 소스에 대해서도 언급하지 않을 것이다. 이 화가는 우리에게 아주 드문 경이로움과 빛이 배제된 색상으로 이국적인 동양을 소개하고 있다. 나는 프로망탱이 빛의 신봉자라는 것을 잘 안다. 그래서 나는 그에게 나무와 하늘에 더 생기를 줘야 한다는 부탁은 물론, 들라크루아나 베로네즈(Véronèse)를 연상시키는 거짓 채색주의 기질 대신 건강하고 강렬한 자기만의 독창성을 강조하라는 요구도 피하고자 한다.

나는 들판의 생동감을 표현하기 위해서 마분지 장식을 사용한 나종 선생과도 말다툼을 벌이고 싶지 않다. 여러분들이 보기에—이건 우리끼리만 하는 말이지만—여기서 불꽃 축제만 일어난다면 요정 나라의 신이 등장할 것 같다든가, 아니면 노랗고 붉은 여명이 각각의 사물들을 시체처럼 느껴지게 하지 않는가?

제롬과 뒤뷔프에 관해서는, 내가 그들의 재능에 대해서 말하지 않기로 한 것이 얼마나 잘한 결정인지 만족스러울 따름이다. 반복적인 이야기지만 나는 본래 상당히 민감한 사람이며, 사람들을 고통스럽게 만들고 싶지 않다. 그래서 간략히 말하면, 제롬의 화법은 한물간 것이다. 그리고 뒤뷔프는 대단한 노력을 한 것 같지만 그 노력의 대가는 없을 것 같다. 나는 모든 것을 말할 시간이 없다는 것이 행복할 뿐이다.

한 가지 유감스러운 것이 있다. 그것은 내가 좋아하는 세 명의 풍경화가인 코로(Corot), 도비니(Daubigny), 피사로(Pissarro)에 대해서 말할 수 있는 충분한 여유가 없다는 것이다. 그럼에도 불구하고 나는 그들에게 멋지게 한 방 날리고 싶다, 작별의 한 방을.

만일 코로가 자신의 숲에서 살게 만든 모든 님프들을 단번에 죽여버리고 그들 대신 농부들로 대체할 작정이었다면, 나는 쌍수를 들고 칭찬했을 것이다. 이 무게 없는 숲과 쾌활하면서도 눅눅한 여명에는 요정 같은 피조물과 습기 가득한 몽상이 필수적이라는 것을 나는 안다. 가끔씩 나는 이 대가에게 더 인간적이고 더 열정적인 자연을 요구하고픈 유혹에 빠졌다. 올해 그가 보여주고 있는 작품들은 의심할 여지없이 실내에서만 작업한 것들이다. 그가 힘찬 현실을 마주하고서 야외에 나가서 스케치도 하고 채색도 한다면 천배 이상 좋은 작품이 생산될 것이다.

도비니에게 어떤 작품이 가장 잘 팔리는지 물어보라. 그는 분명히 그가 가장 덜 선호하는 작품이 더 잘 팔린다고 답변할 것이다. 사람들은 미화된 진실, 정성 들여 깨끗이 닦은 자연, 아득히 멀어져 가는 몽상적 지평선을 원한다. 하지만 우리의 대가께서는 아주 힘차게 강렬한 대지, 아득한 하늘, 야생적 나무와 섬들을 그려냈기 때문에, 대중은 선생의 그림을 거칠고 부담스럽게 느꼈던 것이다. 그런데 올해 도비니 선생은 지나치게 자기기만에 빠지지 않으면서 대중을 만족스럽게 만들었다. 내가 보기에 올해의 그림 속에는 예전의 것들이 숨겨져 있기 때문이다.

피사로는 무명작가이기 때문에 아무도 그에 대해서 언급하지 않을 것이다. 하지만 나는 출발 전에 그의 손을 힘차게 잡아줘야 할 의무감을 느낀다. 선생, 고맙소. 내가 이 커다랗고 삭막한 살롱을 떠돌 때 당신의 풍경화가 나를 반시간 넘게 쉬도록 해주었다오. 나는 당신이 각고 끝에 살롱으로 입성했다는 것을 알고 있기에 선생에게 진심으로 치하를 드립니다. 하지만 선생은 비인기 작가라는 사실과, 대중은 선생의 그림이 너무 간결하며 너무 어둡다고 생각한다는 것을 아셔야 합니다. 게다가 어쩌자고 선생은 자연을 솔직하고 대담하게 표현하는 그런 터무니없는 실수를 하셨단 말이오!

선생은 어느 겨울의 한적한 대로변을 소재로 삼았지요. 배경 안쪽에는 작은 언덕이 하나 있고, 지평선까지 텅 비어 있는 벌판. 눈을 즐겁게 할 만한 것이 없어요. 간결하면서도 무게가 있고, 대단히 정확하고 사실적이며, 강렬하고 뜨거운 의시가 엿보이는 작품이지요. 선생은 이렇게 아주 서투른 화가이기 때문에 나는 당신을 사랑합니다.

이제 나는 이 작가는 칭찬을 하고, 저 작가는 비난을 할 여유가 없다. 나는 혹시 잊어버린 것은 없는지 살펴볼 틈도 없이 서둘러 떠날 준비를 해야 한다. 나한테 공격을 당해야만 했던 화가들은 내게 감사할 필요가 없을 것이다.

그러나 내가 칭찬만 했던 화가들에 대해선 미안하게 생각한다.

여러분은 내가 이 작업을 수행하는 데 피곤함을 느끼기 시작했다는 것을 아는가? 사람들이 나를 이해하지 않는다는 그토록 많은 불신감과 내 견해에 대해 그토록 많은 맹목적 비난이 있었기 때문에 나는 매번의 기고문에서 내 논지의 출발점을 재정립해야만 했고, 내가 처음으로 생각했던 변치 않는 관점에 논리적으로 충실했는지 점검을 해야만 했다.

나는 말한다. "작품을 대하면서 내가 각별히 찾으려 했던 것, 그것은 인간이지 그림이 아니다." 한마디 더. "예술은 두 가지 요소로 구성되어 있다. 불변의 요소인 자연과 변화하는 요소인 인간이 그것들이다. 진실성이 표명될 때 나는 찬사를 보낸다. 개성이 표명되면 나는 더욱 강렬한 찬사를 보낸다." 마지막으로 한마디 더. "나는 예술보다 생명을 더 중시한다."

이런 선언을 하면서, 나는 사람들이 나의 입장을 이해할 것이라고 믿는다. 작가의 개성만이 작품에 생명력을 준다고 나는 믿는다. 나는 기질이 없는 모든 작품들은 죽은 그림이라고 확신하기 때문에 작품을 통해 인간을 찾을 것이다. 이 산업의 궁전을 통과하는 수천 점의 작품들이 어느 초라한 다락방에서 잠자게 될 것인지 여러분은 자문해 본 적이 없는가?

나는 프랑스의 예술 유파 따위엔 관심이 없다. 나는 전통이 없는 사람이다. 나는 커다란 천의 한 자락이나 한 사람의 태도 또는 어떤 형태의 한 부분에 대해서 말하고 싶지 않다. 나는 사람들이 하나의 단점이나 하나의 장점만으로 이해하는 것을 포착하고 싶지 않다. 대가의 작품이란 모든 걸 포함하고 있는 것, 가슴과 육체로 표현되는 것이라고 나는 믿는다. 여러분은 아무것도 바꿀 수 없다. 여러분은 그저 천재라는 사람의 한 면을, 하나의 표현을 확인하고 공부할 수 있을 뿐이다.

마네에 대한 나의 찬사는 완전히 망쳤다. 나를 신흥 종교의 교주라고 말하는 사람도 있다. 내가 어떤 종교로 여러분에게 기도를 하는가? 독립적이고 개성이 있는 모든 재능을 신으로 섬기는 그런 종교인가? 그렇다. 나는 인간의 자유로운 보는 표현을 숭배하는 교단 소속이다. 그렇다. 나는 비평을 제약하는 수천 가지 의견에 위축되지 않을 것이며, 삶과 진실을 향해 전진할 것이다. 그렇다. 나는 솜씨는 좋지만 내용이 없는 수천 점의 작품을 비록 서툰 솜씨라 할지라도 내가 힘차고 새로운 악센트가 있다고 인정하는 한 점의 작품과 기꺼이 교환할 것이다.

나는 마네를 옹호했듯이 솔직한 개성이 공격받을 때면 평생 변호에 나설 것이다. 나는 언제고 공격당하는 자들의 편에 설 것이다. 대중과 길들일 수 없는 기질의 소유자들 사이에는 명백한 투쟁이 발생한다. 나는 기질 있는 자들의 편이며, 그래서 대중과 싸울 것이다.

이런 이유로 인해 나의 심판에 대한 판결에서 나는 패배했다.

나는 쿠르베를 찬양하면서도 뒤뷔프를 인정하지 않은 중대한 잘못을 저질렀으며, 집요한 논리에 복종하는 과오를 저질렀다.

나는 이 시대의 무미건조함을 거리낌 없이 삼켜버리질 못하고서 작품에 독창성과 힘을 더해야 한다고 요구하는 순진한 잘못을 저질렀다.

나는 기질의 예술만이 시대를 지배하며, 인류의 체험과 감정을 지닌 작품만이 남게 된다는 것을 모든 예술의 역사가 증명한다고 확신하는 불경을 저질렀다.

나는 이 시대의 작은 비난에 귀 기울이지 않고, 거대하고 영원한 허무를 건드리면서 그의 죽음을 예언하는 끔찍한 신성모독을 범했다.

나는 여러 무리의 부실한 종교를 허물어뜨리면서 거대한 예술의 종교를 견고하게 세우려 했던 이단자였다. 게다가 내가 세우려 한 종교는 화가 개개인에게 이렇게 소리쳤다. "너의 눈을 떠라, 여기 자연이 있으니. 너의 마음을 열어라, 여기 생명이 있으니."

나는 지독한 무지를 드러냈다. 왜냐하면 내가 공인된 비평가들의 견해를 수용하지 않았기 때문이다. 또한 나는 토르소의 응축된 표현, 신체 묘사, 데생, 색상, 유파, 규범 등에 대해서 언급하는 것도 무시했다.

나는 목표를 향해 똑바로 걸었기 때문에, 그리고 그 길을 가다가 만나는 가련한 악마들에 대한 배려를 하지 않았기 때문에, 부정직한 사람으로 치부되었다. 나는 진실을 원했고, 진실을 얻기 위해 사람들에게 상처를 주는 잘못을 저질렀다.

한마디로 나는 잔혹함과 어리석음과 무지함을 증명한 셈이다. 나는 거짓과 초라함에 싫증을 냈기 때문에, 환관의 무리 속에서 남자들을 찾으려 했기 때문에, 신성모독과 이단으로 유죄를 선고받았다.

이것이 바로 나의 죄명인 것이다!

# 에두아르 마네

1867년 1월 1일자 〈21세기의 잡지(La Revue du XIXe siècle)〉 게재 기사. 에두아르 마네에 대한 이 연구 기사는 1867년 마네의 특별 전시회 때 소책자로 다시 출판되었다. 졸라는 1879년《나의 증오－나의 살롱(Mes Haines－Mon Salon)》을 출판할 때 이 글을 수정하여 추가했는데, 이런 과정에서 1867년의 소책자에 실렸던 서문은 사라지고 말았다. 현재 여기에 소개한 글은 1879년에 출판된 내용이다(편집자 주).

## 전기 연구와 비평

작품 하나하나를 통해 어느 예술가의 개성을 증명한다는 것은 까다로운 작업이다. 그와 같은 생각은 언제나 어려운 것이며, 그런 생각은 오로지 훌륭한 작품을 완성한 사람, 그리고 우리가 그의 재능에 대해 기대했던 것을 이미 제공한 바 있는 그런 사람에 대한 완전한 진실과 폭넓은 이해가 있을 때에만 형성된다. 분석은 그러니까 완전한 총체를 대상으로 행해지는 것이다. 우리는 다각도에서 한 천재의 전부를 연구하는 것이며, 그에 대한 어떤 특성도 놓칠 것이라는 우려 없이 정확하고 명시적인 초상화를 그려내야 하는 것이다. 그런 작업을 수행하는 비평가는 한 인간을 분석한다는, 하나의 유기체를 해부한다는, 그래서 생생한 현실 속에서 한 인간과 그의 사지를, 그의 신경과 심장을, 그의 모든 꿈과 육체를 재구성할 것이라는 짜릿한 기쁨을 느끼게 되는 것이다.

오늘 화가 에두아르 마네를 연구하면서 나는 이런 기쁨을 맛볼 수 있을 것이다. 그의 뛰어난 초기 작품들은 6~7년 전에 그려진 것들이다. 그가 나에게 보여준 30~40

여 점의 작품들에 대해서 나는 감히 어떤 절대적인 방식으로 평가할 수 없을 것 같다. 이 작품들에는 확고한 통일성이 없기 때문이다. 화가가 이 그림을 그린 시기는 그의 재능이 발전하고 커가던 한창때였다. 그때까지만 해도 그는 자신의 개성을 확고하게 보여주지 못했다. 당시 그에게는 내가 이 지면을 통해 정확하게 서술을 하기에는 너무도 많은 활력과 미래에 대한 구상, 그리고 온갖 종류의 운명이 펼쳐지고 있었다.

사실 내게 특별하고 강렬한 이유가 주어지지 않았다면, 결단코 나는 어설프게 그의 모습을 그려보려는 시도는 하지 않았을 것이다. 상황이 아직도 아주 젊은 에두아르 마네를 가장 알고 싶고 교훈적인 연구의 대상으로 만들었다. 대중이, 그리고 비평가들과 그의 동료 예술가들까지 합세하여 그에게 만들어준 그의 특이한 입장이 내게는 반드시 연구해서 명백히 밝혀야만 할 과제로 보였던 것이다. 이 자리를 통해 내가 분석하려고 하는 것은 단지 에두아르 마네란 인물의 개성뿐만이 아니라 우리 예술의 흐름 그 자체와 미학이란 관점에서의 동시대적 견해들이다.

호기심을 자극하는 일이 벌어졌는데 그것을 간략히 설명하면 다음과 같다. 어느 젊은 화가가 아주 순진하게도 자신이 보고 이해하는 대로 그림을 그렸다. 그는 학교에서 가르친 신성한 규칙에 따르지 않고서 그림을 그린 것이다. 그렇게 그는 특이한 작품들을 생산했는데, 강하고 쓴 맛을 지닌 그의 작품들이 그와는 다른 모습에 길들여진 사람들의 눈을 아프게 만든 것이다. 그러자 사람들은 자신의 눈이 왜 아픈지 알려는 시도조차 없이 이 젊은 화가에게 욕설을 퍼부었고, 이 화가의 신념과 재능을 비난했으며, 그를 사람들이나 웃기기 위해 혀를 내미는 어릿광대로 취급했던 것이다.

나처럼 호기심 많은 사람이 이 젊은 화가를 둘러싸고서 야유를 퍼부으며 소란스럽게 빈정대는 대중 앞에 멈춰서서 이런 사건을 파악해 본다는 것은 흥미로운 일이 아닌가?

나는 내가 길 한복판에서 에두아르 마네에게 돌을 던지는 철없는 군중의 집회를 목격하게 되었다는 상상을 해본다. 예술비평가들은—아니, 경찰 나리들이라고 부르는 것이 좋을 것 같다—자신들의 역할을 제대로 하지 않고 있다. 그들은 그 소란을 진정시키기는커녕 오히려 흥분한 군중과 부화뇌동하고 있는데—하느님 맙소사, 저들을 용서하소서!—저 경찰관 나리들의 손에도 커다란 돌덩이가 들려 있는 것 같다.

이런 과정에서 거친 행위가 발생하면서 무관심하게 조

용히 길을 가던 나 같은 행인까지 슬프게 만든다. 나는 다가가서 사람들에게, 경찰관들에게, 그리고 에두아르 마네에게도 대체 무슨 일이냐고 물어보았다. 마침내 나는 사건의 진상을 파악했다. 나는 군중이 화가 난 이유를 알았고, 경찰관들이 방관하는 이유를 이해했다. 나는 사람들이 돌을 던지는, 그 박해받던 사람이 무슨 잘못을 저질렀는지 알았다. 나는 집으로 돌아와 진리의 이름으로 여러분이 읽게 될 소송장을 작성했다.

나에게는 명백한 하나의 목적이 있다. 그것은 폭도들의 맹목적인 분노를 가라앉히는 것, 그들이 이성을 되찾아 눈을 크게 뜨게 하는 것, 좌우지간에 길거리에서 그렇게 소리를 지르지 않게 하는 것이다. 그리고 나는 그들에게 건전한 비평을 요구할 것인데, 그것은 단지 에두아르 마네만을 위한 것이 아니라 앞으로 나타날 특별한 기질을 가진 모든 사람들을 위한 것이다. 나는 나의 변호 활동을 확대할 것이며, 나의 목적은 한 남자를 구제하는 데 머무르지 않을 것이다. 그것은 예술 전체를 구제하는 행동이 될 것이다. 나는 에두아르 마네의 독창적인 개성을 연구하면서 이 개인적 의문이 진정한 예술 전체에 대한 질문으로 확대되어 나가도록 만들 것이다.

내가 반복하서 말하건대, 이 작업은 여러 가지 이유에

서 마네에 대한 확정적인 정의를 제공하려는 것이 아니다. 이것은 현재의 상태에 대한 단순한 확인일 뿐이며, 근 2세기 동안 이어져 내려온 대중의 예술적 관점의 전통이 보여주는 대단히 유감스러운 사건에 대한 소송장이다.

## 1. 인간 마네와 예술가 마네

에두아르 마네는 1833년 파리에서 태어났다. 나는 그의 생애에 대한 상세한 정보가 없다. 경제적으로 윤택해지고 사회적 질서가 잡힌 오늘날, 예술가의 생활은 일반적인 중산층의 생활과 같다. 작은 소매점에서 후추를 팔며 살아가는 사람들처럼 화가는 자신의 아틀리에에서 그림을 그리며 살아간다. 1830년대에 활동하던 화가들과는 달리－맙소사! 그들은 이제 모두 고인이 되었지만－오늘날의 화가들은 보통 사람들처럼 그렇게 보편적인 삶을 살고 있다.

보지라르(Vaugirard)에 있는 푸알루(Poiloup) 수도원에서 생활을 하기도 했던 에두아르 마네는 롤랭 중학교(Le Collège Rollin)를 졸업했다. 그가 미술에 대한 사랑에 빠진 것은 중학교를 졸업하던 17세 때였다. 그 사랑은 대단했다. 그의 부모는 마네의 행동을 어느 정도 묵인해 주었다. 어쩔 수 없는 경우에 그들은 마네의 가슴과 감성적 방종에 대해 두 눈을 질끈 감았던 것이다. 그러나 그들은 미술을 포함한 모든 예술을 아주 외설적인 것으로, 언제나 신선한 육체에 굶주려서 결코 채워지지 않을 자신의 욕정을 위해 아이들의 피까지 빨아먹어야 하는 타락한 여자로 생각했다. 예술을 하게 되면 폭음과 용서받기 힘든 방탕을 일삼아 가정의 문제아로 전락하고, 그래서 결국은 가정의 평화를 흔들어놓는다고 본 것이다.

결과적으로 학업을 포기한 에두아르 마네는 17세에 리우데자네이루를 오가는 외항선에 풋내기 선원으로 몸을 실었다. 그와 함께 그 외설적이고 신선한 육체에 언제나 굶주려 있던 여인도 함께 승선한 것은 물론이다. 대양과 하늘의 찬란한 고독 속에서 그녀는 그를 끊임없이 유혹했다. 그녀는 그의 육체에 호소했으며, 그의 두 눈앞에서 반짝거리는 수평선을 사랑스럽게 흔들어댔고, 달콤하고 열정적인 색상의 언어로 그에게 뜨겁게 속삭여 댔다. 에두아르 마네가 다시 프랑스로 돌아왔을 때, 그는 완전히 파렴치한 인물이 되어 있었다.

그는 바다를 포기하고 이탈리아와 네덜란드의 도시들을 구경하러 떠났다. 게다가, 그는 아직 모르고 있었지만,

그는 순진한 젊은이로 어슬렁거리며 시간만 소비하고 있었다. 그것을 증명이나 하듯이 파리로 돌아온 그는 토마 쿠튀르(Thomas Couture)의 아틀리에 문하생으로 들어가, 그곳에서 근 6년 동안 그의 지도와 가르침을 받았다. 하지만 만족스럽지 못한 그 무엇 때문에 그는 여전히 방황하면서 자신의 길을 찾지 못하고 있었다. 그의 내부에는 쿠튀르의 가르침에 결코 만족할 수가 없는 특별한 기질이 있었던 것이며, 그의 예술적 속성은 오히려 그가 이 대가의 아틀리에를 그만둔 뒤의 작품에서 드러나기 시작했다. 3년 동안 그는 안개 속에서 홀로 투쟁했다. 그는 그가 무엇을 보고 있는지, 무엇을 원하는지 정확히 알지 못한 상태에서 작업을 하고 있었던 것이다. 1860년에 이르러서야 그는 〈압생트 마시는 사람(Le Buveur d'absinthe)〉을 발표했는데, 이 작품에는 아직도 토마 쿠튀르의 영향이 은근히 남아 있기는 했지만 마네만의 개성이 싹트고 있었다.

1860년부터 마네는 화가로서 대중에게 알려지기 시작했다. 우리는 마르티네 전시회(Exposition Martinet)와 1863년의 낙선자 전시회(Salon des Refusés)에서 그의 작품들이 보여주었던 기묘한 감각을 기억한다. 우리는 또한 그의 작품들 때문에 소란스러웠던 것을 기억한다. 1864년 살롱의 〈예수와 천사들(le Christ et les Anges)〉, 그리고

1865년 살롱의 〈올랭피아(Olympia)〉. 그의 작품에 대해서 논할 때, 나는 이 시기에 대해서 다시 언급할 것이다.

에두아르 마네의 키는 중간 정도로 크다기보다 오히려 작은 편이다. 머리카락과 수염은 밝은 밤색이며, 좁고 깊숙이 파인 두 눈은 생기와 젊은 열정이 넘친다. 입은 개성이 있게 생겼는데, 입술이 얇고 표정이 풍부하며, 입술의 양 끝을 빈정대듯 찡그리는 특징이 있다. 섬세하고 지적이며 선의 굴곡이 심한 얼굴 전체는 그가 유연하고 대담한 성품의 소유자이며, 진부함과 어리석음을 경멸한다는 것을 보여준다. 그의 외형과 인간적 특성을 총괄적으로 말한다면, 우리는 에두아르 마네가 출중하고 호감 가는 용모에 대단히 친절하고 예의 바른 사람이라는 것을 알 수 있다.

내가 이토록 사소한 것들을 강조해야 하는 이유가 있다. 대중을 웃기면서 먹고살아야 하는 우리 시대의 어릿광대들이 에두아르 마네를 일종의 뜨내기 화가로, 엉터리 화가로, 우스꽝스러운 도깨비라고 떠들어댔기 때문이다. 그리고 대중은 그 진솔하지 못한 말과 왜곡된 내용들을 모두 진실인 것처럼 받아들였다. 진실은 이렇게 거짓 소문을 만들어내는 사람들에 의해 있는 그대로 전달되지 못했다. 그래서 실제의 인물이 어떤지 강조해서 알릴 필요가 있는 것이다.

우리의 화가는 그가 이 세상을 아주 사랑하며, 저녁의 미묘한 향기와 불빛 속에서 비밀스런 기쁨을 발견한다고 내게 고백한 바 있다. 필경 그는 저녁의 여유롭고 생기 있는 색상들에 대한 사랑에 이끌렸던 것이다. 그러나 그의 내면에는 우아함과 세련됨을 요구하는 천성도 있는데, 나는 이런 취향을 그의 작품 속에서 다시 발견해 낼 것이라고 자신한다.

이상이 대략적인 그의 인생이다. 그는 열정적으로 일한다. 그래서 그의 작품 수가 이미 만만치 않다. 그림을 그리는 데 있어서 그는 낙심하지 않으며, 결코 지치지 않는다. 그렇게 그는 자신의 속성에 순종하면서 앞만 보고 전진한다. 그의 가정생활에서는 현대 부르주아의 조용한 기쁨을 맛볼 수 있다. 그는 사교계에도 꾸준히 모습을 드러내며, 자기의 삶을 구가하고 있다. 이런 우아함으로 그는 어쩌면 세상의 그 누구보다도 평화롭고 예절 바른 생활을 하고 있는 것이다.

예술가로서의 에두아르 마네를 언급하기 전에 나는 이상의 내용을 반드시 써야 될 필요가 있었다. 선입견을 가졌던 사람들에게 진실을 말하고 난 지금, 나는 훨씬 마음이 편하다. 이제부터는 사람들이 지금까지 내가 몇 가지 특징을 들어 묘사했던 인물을 점잖지 못한 엉터리 화가로 취급하지 않기를 희망하며, 성실하고 확실한 한 사람의 예술가에 대해서 내가 제기할 아주 공정한 판단에 대해서 사람들이 진지한 관심을 가져주기를 바란다. 실제 에두아르 마네의 정확한 프로필은 사람들을 놀라게 할 것이라고 나는 확신한다. 이제부터 우리는 더 이상 빈정대지 않고, 올바른 자세로 주의를 집중하여 그에 대한 연구를 할 것이다. 이와 관련하여 우리가 제기하는 질문은 이렇다. 분명히 이 화가는 아주 순진하면서도 사색적인 방식으로 그림을 그린다. 따라서 우리가 알고 싶은 것은 그의 작품이 진정으로 재능 있는 화가의 작품인지, 아니면 완전히 착각에 빠져 있는 화가의 잘못된 그림인지에 관한 진실이다.

원칙적으로 나는 어느 미술학도가 스승의 가르침에 순종했음에도 불구하고 성공하지 못했다는 사실이 그의 독특한 재능을 역설적으로 증명해 주는 것이라든가, 또는 그런 가설로부터 에두아르 마네에게 유리한 논쟁을 유발시켜서, 그가 토마 쿠튀르의 문하생으로 있었던 것은 결국 시간만 낭비한 것이라는 식으로 말하길 원치 않는다. 각각의 예술가에게는 반드시 어느 정도의 모색 기간이 있기 마련이다. 어떤 화가든지 이 기간을 스승의 화실에서 보낸다는 것은 이미 잘 알려진 사실이며, 나 역시 이런 과정이 잘못된 것이라고 생각하지 않는다. 만일 어느 화가의 고유한 천재성의 개화가 늦어졌다 할지라도 그것은 스승의 지도 때문이 아니다. 게다가 그 화가가 스승의 가르침을 완전히 망각해야만 어떤 강력한 개성이 부각되는 것도 아니다.

그러나 현재의 경우에서 나는 에두아르 마네의 길고 고통스러웠던 학습을 독창성의 징후로 간주하고 싶다. 내가 만일 여기에서 자기의 스승들로부터 인정을 못 받았지만 훗날 최고로 인정된 사람들의 이름을 모두 열거한다면 그 명단은 상당히 길 것이다. "자네는 결코 아무것도 해내지 못할 거야"라고 선생님들은 말하지만, 그 말은 결국 "나 외에는 자넬 가르칠 사람이 없네만, 자네는 나와 다르군"이란 뜻이다. 스승들로부터 수제자로 인정받지 못한 자들은 행복할지어다! 그들은 특별한 존재들로 인류가 기록하고 있는, 하지만 결코 완성되지 못할 위대한 어록에 각자가 한마디씩 남길 자들이다. 그들은 언젠가 그들의 차례가 되면, 대가로, 에고이스트로, 개성이 명백하고 뚜렷한 인물들로 남을 운명을 지닌 자들이다.

따라서 에두아르 마네는 자기의 속성과는 다른 속성을 지닌 스승의 가르침을 벗어나면서부터 자기의 눈으로 사물을 보고, 보이는 그대로 그것을 표현하려고 노력하게 된다. 내가 반복하건대, 그는 3년 동안이나 그에게 주어지는 뭇매를 맞으며 견뎌야 했다. 흔히 말하듯이 그는 그가 배운 새로운 단어를 혀끝에 달고 살았지만 그것을 발음할 수 없었다. 하지만 그의 눈이 밝아지면서 그는 사물을 명백히 구분했고, 그의 혀는 더 이상 더듬거리지 않았다. 그는 말을 했던 것이다.

그는 투박함과 우아함이 혼재된 언어로 말했고, 그런 언어를 대하는 대중은 심하게 경악했다. 나는 그의 언어가 완전히 새로운 언어라고 생각하지 않는다. 그의 언어에는 몇 개의 스페인식 표현이 내재되어 있는데, 그것들에 대해서는 잠시 후 내가 설명을 해야만 할 것이다. 어쨌든 대담하고 사실적인 이미지를 통해서 우리는 새로운 화가가 탄생했다는 것을 쉽게 이해할 수 있었다. 이 화가는 자신이 만든, 그래서 이제부터 그만이 구사할 수 있는 그런 언어로 말했다.

지금까지 나는 에두아르 마네라는 진정한 예술가가 어떻게 탄생했는지 설명했다. 대가들의 그림을 모방하면서, 자신의 것과는 다른 개성들을 통해서 본 자연을 복사하면서, 아무런 감동도 느낄 수 없었던 그는, 어느 아름다운 날 아침, 다른 사람들의 작품을 통해서가 아니라 원래의 자연을 있는 그대로 보아야 한다고 생각하게 되었다. 그런 생각이 든 이후부터 그는, 그것이 사물이든 사람이든 그가 그리고자 하는 대상을 화실의 한편에 위치시켜 놓고, 그것이 보이는 대로, 그것이 느껴지는 대로 캔버스에 그려 넣기 시작했다. 그는 그가 미술관에서 공부했던 것을 모두 잊어버리려고 노력했다. 그는 그가 배웠던 지식들을, 그가 보아왔던 대가들의 작품들을 더 이상 기억하지 않으려고 애썼다. 이제 더 이상 특별한 지식이 필요한 것이 아니었다. 자연을 마주 대하고서 그것을 자기 방식대로 이해하고 느끼는 노력이 필요했던 것이다.

화가는 이렇게 자신의 살과 피로 작품을 그렸다. 이 작품이 인류의 위대한 작품으로 분류될 것은 명백하다. 더욱이 이와 같은 부류의 작품들이 다른 작가들에 의해서도 이미 수없이 탄생하고 있다. 그러나 그의 작품은 이렇게 아름다운 작품들 중에서도 가장 독창적인 아름다움을 지니고 있다고 나는 생각하며, 그것은 바로 한 사람의 생명이 녹아 있기 때문이다. 그의 작품은 다양한 요소들로 구성되어 있는데, 그것들이 총체적으로 독특한 모양과 새로운 맛을 만들어낸다. 이것은 인류 역사상 아직까지 없었던 새로운 모습이다. 이제 에두아르 마네는 자신만의 길을 발견한 것이다. 달리 말하면 그는 자기의 눈으로 보고, 각각의 화폭에 자기의 내면에서 발견한 것을 자신만의 고유한 언어로 번역하여 옮겨놓는 것이다.

그래서 나는 지금까지 나의 글을 기꺼이 읽어주고, 나를 이해하려고 노력해 준 독자들에게 간청하건대, 하나의 예술 작품을 건강하게 평가하기 위해서는 자기만의 논리적 관점을 가져야 한다는 것이다. 그렇지 않다면 우리는 결코 서로를 이해할 수 없을 것이다. 나는 과거와는 전혀 다른 명제에서 출발하고 있는데, 여러분은 기존의 논리들만 인정한다면 우리는 서로 점점 더 멀어져 결국은 갈라설 수밖에 없게 될 것이다. 여러분이 나를 미친 사람 취급한다면, 나는 여러분을 지적이지 못한 사람들로 취급할 것이다. 여러분은 스스로가 예술가처럼 행동해야 한다. 미술관의 화려함과 정형화된 규칙의 필요성은 잊어버려라. 죽은 화가들이 쌓아놓은 작품들에 대한 추억일랑 떨쳐버려라. 자연을 있는 그대로 바라보아야 한다. 끝으로 에두아르 마네의 작품에서는 독특한 기질에 의해 번역된 사실성을, 인간의 아름다운 호기심을 찾으려고 노력하라.

유감스럽게도 나는 여기에서 일반적인 사상 몇 가지를 논하지 않을 수 없다. 나의 미학은, 또는 내가 현대 미학이라고 부르는 과학은, 오늘날까지 교육되고 있는 도그마들과 너무 달라서 내가 앞서 말한 내용이 완전히 이해되지 못할 위험이 있기 때문이다.

예술, 특히 미술에 대한 대중의 의견은 이렇다. 그들은 예술가와 별개로 절대적인 아름다움이 존재한다고 생각하는데, 좀 더 쉽게 말하자면 모든 예술가들이 지향해야만 하는 이상적인 아름다움이 있다는 것이다. 그래서 이 지고의 아름다움을 평가하기 위한 공동의 관점이 존재하게 되는데, 사람들은 각각의 미술 작품을 평가하는 데 이것을 적용한다. 어떤 예술 작품이 이 절대적 기준치에 근접해 있는가 아니면 멀리 떨어져 있는가에 따라 사람들은 그 작품의 가치를 결정한다. 지금까지 인류는 아름다움의 척도로 그리스의 미학을 선택하면서 모든 예술을 판단하는 데 그것을 적용해 왔다. 그 결과 인류의 모든 예술 작품들이 많든 적든 간에 그리스의 작품들을 닮게 된 것이다.

이렇게 인류의 천재성은 많은 예술 작품을 생산했지만 그것들은 언제나 그리스 예술의 정수를 모방하는 형태로 축소되어 왔다. 우리나라의 예술가들 역시 절대적 아름다움을 생각해 냈기 때문에 이때부터 모든 것이 정형화되기 시작했다. 절대적 미에 대한 공동의 관점이 확정되었고, 예술가들은 그것이 지정하는 모델을 가능한 한 가장 정확하게 모방하여 재생산하면 되었다. 르네상스의 예술가들이 위대한 것은 그들이 훌륭한 모방자들이었기 때문이라고 설명하는 사람들도 있다. 2000년이 넘도록 세상은 변화하고, 문명은 발생과 쇠락을 거듭하며, 사회는 언제나 변화 중인 관습의 한가운데서 전진과 후퇴를 반복한다. 한편 이곳과 저곳에서, 그리고 네덜란드의 차갑고 창백한 아침나절이나 이탈리아와 스페인의 뜨겁고 관능적인 저녁나절에 예술가들은 탄생한다. 하지만 변함없이 시대에서 시대를 지배하고 있는 절대적인 아름다움이 존재하는데, 그것이 대체 무슨 소용이란 말인가! 2000년이 넘도록 우리는 이 절대적인 아름다움의 기준에 어긋나는 것들을, 이 모든 종류의 생명과 열정과 상상력들을 모조리 꺾어버렸다.

그렇다면 아름다움에 대한 나의 미학은 무엇인가? 내가 두 눈으로 감상하고 싶은 것은 예술에 의해서 재생되는 인간적인 체험들, 자연 앞에서, 그리고 언제 어디서나 그 창조의 절대적인 필요성을 인간적으로 느끼게 해주는 모든 사물과 인간들이다. 그래서 나의 미학적 관점은 나를 유혹하고 감동시키는 부분이 있는 거대한 스펙터클이다. 모든 위대한 예술가들은 우리에게 자연에 대한 개인적이고 새로운 해석을 제공해 왔다. 여기에서 현실은 고정된 요소가 되지만 다양한 기질들은 각각의 작품에 서로 다른 특성을 부여하는 창조적 요소가 된다. 이 다양한 특성들 속에서, 언제나 새로운 이런 모습들 속에서, 나는 예술 작품에 대한 우리의 뜨거운 인간적 관심이 형성된다고 생각한다. 나는 이 세상의 모든 화가들의 작품들을 거대한 전시실에 모아놓고서, 그곳에서 인류의 창조에 대한 서사시를 한 페이지씩 읽을 수 있기를 희망한다. 그리고 자연과 사실이란 언제나 동일한 주제다. 달라지는 것은 예술가들이 신의 위대한 창조물을 표현하는 독특하고 독창적인 방식이다. 대중이 예술 작품의 가치를 건강하게 판단하기 위해서는 이 거대한 전시실 한가운데 있어야 한다. 여기에서 아름다움이란 더 이상 절대적인 것이 아니며, 더 이상 그 우스꽝스러운 공동의 기준치도 아닐 것이다. 아름다움은 인간의 삶 그 자체가 되며, 인간적 요소는 사실이란 고정적 요소와 결합하면서 인류에게 귀속될 창조를 만들어낼 것이다. 아름다움은 우리의 내부에 있는 것이지 우리의 밖에 있는 것이 아니다. 철학적 추상이 왜 중요하며, 몇몇 사람들이 모여서 주장하는 몽상적 완벽함이 무슨 소용이 있단 말인가? 인간으로서 내가 관심 있는 것은 나의 할머니와 같은 인간성이다. 인간의 창조물인 예술 작품에서 나를 감동시키는 것, 나를 행복하게 만드는 것, 그것은 그 작품들 하나하나의 내면에서 자기만의 부드럽고 힘찬 개성으로 자연의 새로운 모습을 내게 보여주는 한 명의 예술가, 한 명의 형제를 재발견해 내는 것이다. 이렇게 탄생한 작품들은 나에게 가슴과 육체로 이야기를 들려준다. 이런 작품들은 나에게 어느 문명과 어느 지역에 대해서 이야기해 준다. 그리고 이 세상의 모든 화가들의 그림이 걸려 있는 이 거대한 전시실 한가운데서 내가 작품들을 감상하고 있을 때, 나는 거기에서 천 가지 서로 다른 언어로 작성된 하나의 시를 보게 될 것이며, 각각의 작품에 그려진 이 시를 결코 싫증 내지 않으며 읽고 또 읽을 것이다.

여기에서 나의 예술적 신념을 설명하는 데 지면의 제한이 있기 때문에, 나는 내가 생각하는 것의 커다란 윤곽을 소개하는 데 만족하고자 한다. 나는 그 어떤 우상도 파괴하지 않을 것이며, 그 어떤 예술가도 부인하지 않는다. 나는 인간의 재능 표현이라는 차원에서 모든 예술 작품을 수용한다. 나는 모든 예술 작품에 거의 동등한 관심이 있으며, 모든 예술 작품은 각각의 아름다움을 지니고 있다고 생각한다. 자기만의 천 가지 표현 속에서 삶은 언제나 변화하고 새로워진다. 그 우스꽝스러운 공동의 평가 방식은 더 이상 존재하지 않는다. 비평가는 하나의 작품을 독자적으로 연구하여 그것이 사실에 대한 독창적이고 강렬한 해석이라고 판단되면 위대하다고 선언할 것이다. 그렇게 비평가는 인간의 예술 창조에 대한 기원에 한 페이지를 추가할 것이고, 자연에 새로운 영혼을 부여하며 예술의 새로운 지평선을 열어가는 또 한 명의 예술가가 탄생하게 될 것이다. 우리의 예술은 그래서 과거로부터 미래의 무한대를 향해 확장되는 것이다. 따라서 예술 작품을 판단해야 하는 우리의 역할은 기질의 언어를 확인하고, 그 언어를 연구하고, 그 언어 속에 어떤 새로움이 유연하고 힘차게 존재하고 있는지를 설명하는 데 그쳐야 한다. 그리고 필요하다면 그것에 대한 이론을 만드는 것은 철학자들의 몫이다. 나는 사실만 분석하길 원하며, 예술 작품이 그런 단편적 사실에 해당된다고 생각한다.

따라서 나는 과거는 제쳐두고 싶다. 나는 어떤 규칙이나 기준도 가지고 있지 않다. 나는 새로운 사실들을 이해하고 설명하기 위해서 에두아르 마네의 작품 앞에 서 있을 뿐이다.

그의 작품을 보면서 놀라운 것은 각각의 작품 사이의 색조 관계가 대단히 섬세한 정확성을 지니고 있다는 것이다. 탁자 위에 놓여 있는 과일들이 회색 바탕으로부터 뚜렷이 분리되어 있다. 서로 가까이 놓여 있는 과일들 간에도 그 거리의 정도에 따라 색상의 농도를 형성하는 척도가 있다. 우리가 만일 실제보다 밝은 농도로 그림을 그리기 시작했다면 우리는 계속해서 사실보다 밝은 농도를 유지해야만 할 것이다. 만일 실제보다 더 어둡게 시작했다면,

정반대의 경우가 발생할 것이다. 내가 알기론 이것을 색의 명암 법칙이라고 한다. 현재의 화가들 중에서 코로, 쿠르베, 그리고 에두아르 마네를 제외하고는 이 규칙을 준수하는 화가들이 거의 없는 것 같다. 이 방법을 적용한 작품들은 뛰어난 명확성, 대단한 사실감, 그리고 강렬한 형태적 매력을 지닌다.

일반적으로 에두아르 마네는 사실적 색감보다 좀 더 밝은 색감에서 출발한다. 그의 작품들은 밝고 환하며, 연하고 견고한 색상이 주류를 이룬다. 빛은 하얗고 폭넓게 쏟아지면서 부드럽게 사물들을 조명한다. 여기에 최소한의 부자연스런 효과는 존재하지 않는다. 사람들과 풍경은 화폭 전체를 채우고 있는 일종의 명랑한 빛 속에 잠겨 있다.

그의 작품에서 놀라운 또 한 가지는 정확한 관찰에 의해 색의 명암 법칙이 자연스럽게 지켜지고 있다는 사실이다. 이 예술가는 무엇을 그리든 그리려는 대상의 정면에 자리를 잡은 다음, 그것의 모든 부분을 눈에 포착되는 색상의 농도에 따라 구분한다. 예를 들어, 벽에 기대고 있는 머리는 다소간 회색빛을 띠는 바탕 위의 흰색에 가까운 하나의 얼룩일 뿐이다. 그리고 그 인물이 입고 있는 옷은 흰색에 가까운 얼룩 옆에 배열된 푸른색 계열의 얼룩이 된다. 그런 식으로 하나하나의 얼룩들이 모여서 단순한 구도가 형성되고, 그 세세하고 정확한 색채의 얼룩들 전체가 그림의 입체감을 살려주게 된다. 내가 에두아르 마네의 작품이 지니는 이러한 특징을 지적하는 이유는 그것이 바로 작품의 사실감을 지배하기 때문이다. 결국 마네의 개성은 체계적인 그의 시각에서 비롯되는데, 그것은 그의 눈이 사물의 주요한 구성 부분을 색상으로 포착할 줄 안다는 것이다.

세 번째로 나를 놀라게 하는 것은 약간 투박한 듯하면서 매혹적인 우아함이다. 내가 말하는 마네의 우아함이란 자기로 만든 인형의 하얀 얼굴과 분홍빛 뺨 같은 것이 아니라 아주 인간적인 것이다. 에두아르 마네는 사교계의 인물이다. 그래서 그의 작품에는 사교계의 우아함을 반영하는 흔적이 있다. 그것은 물론 작가의 속성에 따른 무의식적 요소다. 이 기회를 빌려 나는 에두아르 마네의 그림과 샤를 보들레르(Charles Baudelaire)의 시가 유사하다고 말하는 의견에 반론을 제기하고자 한다. 나는 이 시인과 화가를 비교하는 이유가 일종의 동정심 때문이라는 것을 안다. 하지만 우리의 화가는 시인이 했던 것과 같이 자신의 생각을 화폭에 반영시키려는 어리석은 행동은 저지르지 않았다. 내가 조금 전 그의 재능에 대해 시도했던 짧은 분석이, 다시 말해서 그가 어떤 순수함으로 자연을 대했는지가 그것을 증명한다. 그가 작품 속에 몇몇 사물과 인물을 모아놓았다면 그것은 단지 그가 색상의 아름다움과 형태의 아름다운 대비를 추구하고픈 욕망에 이끌렸기 때문이다. 이런 기질의 예술가를 신비로운 몽상가로 취급하려는 것은 아주 웃기는 일이다.

분석을 했으니 결론을 도출해 보자. 마네의 어떤 작품을 선택하든 간에 그 작품이 보여주는 것 이외의 것을 찾으려 하지 말자. 그냥 빛과 사물의 관계에 따른 사실적 묘사만 감상하자. 내가 말한 바 있던 황금빛 햇살에 의한 전체적 양상만 보자. 분산된 빛에 의해 얼굴의 형태는 육체의 한 면으로 입술은 단순한 선으로 표현된다. 모든 것이 강렬한 덩어리의 개념에 의해 단순화되고 생략된다. 반면 정확한 색조에 의해 화폭의 공간이 채워지고, 각각의 사물들이 힘을 얻는다. 비아냥대기 위해서 에두아르 마네의 그림이 에피날의 판화를 연상시킨다고 말하는 사람들이 있다. 이들의 빈정거림은 오히려 진실에 가깝기 때문에 그것은 차라리 칭찬이라고 할 수 있다. 마네의 그림에서나 에피날의 판화에서나 그 방식은 동일하다. 에피날의 판화 제작자들이 판화에 적용하기 위해 사용하는 색체의 차별화 방식은 순수한 색조에 의한 것이다. 에두아르 마네 역시 색조를 다양하게 만든 후 그들 사이의 정확한 관계를 설정한다. 이렇게 단순화된 그림을 이국적인 우아함과 뛰어난 색채감을 가진 일본 판화와 비교하는 것은 아주 흥미로운 일일 것이다.

에두아르 마네의 작품이 주는 첫인상은 약간 딱딱하다. 그것은 우리가 사실을 이렇게 단순하면서도 진지하게 반영한 작품을 보는 데 익숙하지가 않기 때문이다. 내가 이미 말했듯이 그의 작품에는 놀랍게도 우아한 경직성이 있다. 처음에 우리의 눈은 커다랗게 도금한 것 같은 색상만을 보게 될 것이다. 하지만 곧이어 사물이 형태가 보이고, 잠시 후 힘차고 단호한 작품 전체가 그 모습을 드러낼 것이다. 이렇게 우리는 밝고 진지한 분위기의 작품을 감상하면서 어떤 진정한 매력을 맛볼 수 있는데, 그것은 이 작품들이 자연을 부드러운 야성으로 표현하고 있기 때문이라고 나는 감히 말하고 싶다. 그의 작품에 가까이 다가서면서 우리는 그의 작업이 거칠다기보다는 오히려 섬세하다는 것을 알 수 있다. 왜냐하면 화가가 오직 붓만으로 아주 신중하게 작업했다는 것을 확인할 수 있기 때문이다.

결국 에두아르 마네가 사용하는 새로운 언어가 내게 묻는다면 나는 이렇게 답하겠다. 그는 단순하고 정확한 언어를 사용한다. 그가 사용하는 색조는 그의 작품을 빛으로 채워주는 황금빛 색조다. 그리고 그가 우리에게 제공하는 자연에 대한 번역은 부분적 덩어리의 포착을 통해 커다란 전체를 보여주는 정확하고 단순화된 번역이다.

이제 그의 재능을 이해하고 맛보기 위해서 우리는, 나는 이 점을 아무리 강조해도 지나침이 없다고 생각하는데, 우리가 알고 있는 기존의 수천 가지 편견을 버려야 한다. 여기에서 더 이상 절대적 아름다움의 이상을 추구하는 것은 의미가 없다. 우리의 화가가 그리는 것은 역사도 영혼도 아니다. 우리가 구성이라고 부르는 것이 그에게는 존재하지 않는다. 그가 표현하려고 노력하는 것은 어떤 사상이나 어떤 역사적 사건이 아니다. 그래서 그를 도덕가나 문학가로서 평가해서는 안 된다. 우리는 그를 화가로서 평가해야 한다. 미술학교에서 정물화를 그리듯이 그는 인물화를 그린다. 내가 말하려는 것은 그가 자기 앞에 인물들을 모아놓고, 그 각각의 인물들이 선명하게 부각될 수 있도록 생생한 대비를 통해서 그들을 캔버스에 옮겨 넣으려고 노력한다는 사실이다. 그에게 문자 그대로 정확하게 그린다는 것 외의 질문은 던지지 마라. 그는 노래할 줄도 모르고, 철학할 줄도 모른다. 그는 그림을 그릴 줄 알며, 그것이 전부다. 그에게는 천부적 재질이 있고, 그것은 바로 사물의 섬세하면서도 주된 색조를 포착하여 그것들을 커다란 구도 속에서 재생해 내는 그만의 고유한 기질인 것이다.

그는 우리 나이의 어린애다. 나는 그에게 분석적 화가의 재능이 내재되어 있음을 안다. 모든 문제들이 다시 의문시되고 있다. 과학은 견고한 바탕을 요구하고 있다. 그것은 사물에 대한 정확한 관찰을 다시 요구하고 있다. 이런 움직임이 단지 과학의 분야에서만 필요한 것은 아니다. 모든 지식과 인간의 모든 업적들이 사실 속에서 확고하고 결정적인 원칙을 발견하려고 하고 있다. 현재의 풍경화가들은 우리의 역사화가들보다 대단히 앞서나가고 있다. 왜냐하면 그들은 우리의 전원을 연구하면서 처음으로 숲의 진면모를 해석해 내고 있기 때문이다. 에두아르 마네 역시 각각의 작품에서 동일한 방법을 적용하고 있다. 다른 화가들이 새 작품을 만들기 위해 〈시저의 죽음(Mort de César)〉이나 〈독배를 마시는 소크라테스(Socrate buvant la ciguë)〉를 모방하느라 골머리를 썩이고 있을 때, 그는 조용히 자신의 아틀리에에 몇 가지 사물과 몇 명의 사람들을 배치해 놓고, 정성을 다해 그들을 분석하면서 그려내고 있다. 내가 다시 반복하지만 그는 단순한 분석가다. 그의 동료들이 몰두하고 있는 표절보다는 그의 작업이 훨씬 흥미롭다. 예술은 이렇게 어떤 확신성을 추구하고 있다. 그리고 예술가는 있는 그대로를 통역해 주는 사람이다. 나는 독창적이고 인간적인 언어로 사물을 명확하게 묘사하고 있는 마네의 작품들이 찬양받아 마땅하다고 생각한다.

그가 스페인의 대가들을 모방했다는 비난이 있다. 나는 그의 초기 작품들과 그 대가들의 작품들 사이에 몇 가지 유사성이 있다는 사실에 동의한다. 그러나 우리는 누구나 어떤 사람의 아들이다. 게다가 〈풀밭에서의 점심〉 이후로 그는 내가 지금까지 간략하게 설명했던 그만의 독특한 개성을 확립했다고 나는 확신한다. 스페인의 장면과 복장들을 그린 그의 작품들을 보면서 대중은 어쩌면 그가 작품의 대상들을 피레네 산맥 저 너머에서 취했을 것이라고 생각할 수도 있을 것이다. 이런 생각은 그의 작품이 스페인의 표절이란 비난과 크게 다를 바 없는 것이다. 그래서 에두아르 마네가 〈에스파다(espada)〉와 〈마조(majo)〉를 그린 것에 대해서 사실을 알리는 것이 좋을 것 같다. 그의 화실에 스페인 복장이 있는 것은 그가 그 복장들의 색상이 아름답다고 생각했기 때문이다. 그가 스페인에 갔던 것은 1865년 단 한 번뿐이었다. 그리고 그를 벨라스케스(Vélasquez)나 고야(Goya)의 사생아로 취급하기에 그의 작품들에는 너무도 강한 그만의 개성이 담겨 있다.

## 2. 작품 세계

이제부터 나는 에두아르 마네의 작품 세계를 보다 잘 이해하기 위해 그의 작품들에 대해서 말하고자 한다. 나는 이 예술가의 재능에 대해서 그 커다란 특징들을 설명했던바, 이제는 그 각각의 작품에 대한 분석을 통해 그를 평가하고자 한다. 총체적인 것은 알려져 있기 때문에 그 총체적인 것을 구성하는 세부 사항을 알려고 할 필요는 없을 것 같다. 각각의 작품에 대해서 내가 느꼈던 것을 언급하면서 나는 이 화가의 개성에 대한 모든 것을 정리하고자 한다.

에두아르 마네의 작품은 이미 괄목할 만하다. 이 성실하고 노력하는 화가는 최근 6년을 열심히 활용했다. 나는 그를 게으르고 괴팍한 돌팔이 화가로 취급했던 비난자들에게 그의 일에 대한 용기와 사랑을 알리고 싶다. 최근에 나는 그의 아틀리에에서 그가 작업한 30여 점의 작품을 감상했는데, 그들 중 가장 오래된 것은 1860년에 그린 것이다. 그가 작품들을 함께 모아놓은 것은 만국박람회

(L'Exposition universelle)에 출품할 작품을 고르기 위해서였다.

나는 이 작품들을 다음 5월에 개최될 샹-드-마르스(Champ-de-Mars) 전시회에서 다시 볼 수 있기를 바라며, 이 작품들이 결정적으로 화가의 명성을 높여줄 것으로 기대한다. 이 작품들은 두세 점이 아니라 그가 6년 동안 재능을 발휘하여 작업한 것들로 최소한 30점이 넘는다. 대중은 이제 자신들이 조롱하던 이 화가의 화려한 복수를 인정하지 않을 수 없을 것인데, 왜냐하면 그는 틀림없이 승리자로 인정받게 될 것이기 때문이다. 심사위원들도 현대 예술의 가장 독창적이고 가장 진지한 인물들 중의 한 명을 체계적으로 감추려고 했던 것이 결코 지혜롭지 못했다는 것을 이해하게 될 것이다. 사실 이들의 거부는 살인 행위나 진배없는, 아니 그것은 차라리 공식적인 살인 행위라고 해야 할 것이다.

나는 에두아르 마네에 대해서 회의적인 사람들의 손을 잡고 그의 그림 앞에 가서 이렇게 말하고 싶다. "보고 판단하시오. 여기 괴상한 화가, 비인기 화가가 있소. 그는 6년 동안 작업을 했고, 이것이 그의 작품이오. 아직도 비웃고 싶은가요? 당신이 보기엔 이 작품이 여전히 괴상망측한 장난 같습니까? 그의 재능에는 검은 고양이 말고도 다른 무엇이 있다는 것을 느낄 수 있지요, 그렇지요? 전체가 하나의 완벽한 느낌을 줍니다. 작가의 진지함과 힘이 폭넓게 드러나 있습니다. 각각의 작품에서 예술가의 손이 단순하고 정확한 언어로 일관된 이야기를 해줍니다. 당신이 이 모든 작품들을 한꺼번에 감상한다면 당신은 이 다양한 작품들이 일관성을 유지하면서 서로를 완성시켜 준다는 것을 알 겁니다. 이 각각의 작품들은 분석력과 열정의 거대한 총체입니다. 비웃을 수 있다면 비웃어보시오. 하지만 조심하시오. 이제부터 당신은 당신의 무분별을 비웃는 것일 테니까."

에두아르 마네의 아틀리에에 들어서면서 내가 느꼈던 최초의 감정은 어떤 통일성과 힘의 감정이었다. 벽에 걸린 그의 작품들에 눈길을 주는 순간 나는 거기에 격렬함과 부드러움이 공존하고 있다는 것을 알았다. 나의 시선은 어떤 특정한 작품에 멈추질 못하고, 벽의 좌우와 상하를 정처 없이 오갔다. 이 밝은 색상들, 이 우아한 형태들이 어떤 조화를, 어떤 극단적 힘과 단순성의 솔직함을 보여준다는 것을 느꼈다.

나는 천천히 그의 작품 하나하나를 분석하기 시작했다. 이제 그 각각의 작품들 중에서 가장 중요하다고 생각되는 것들에 대한 나의 느낌을 적어보겠다.

그의 작품들 중 가장 오래된 것이 〈압생트 마시는 사람〉인데, 어느 핼쑥한 남자가 멍한 모습으로 주름진 망토 자락을 몸에 두르고 있는 그림이다. 이 작품에서 나는 멜로드라마틱한 감정을 표현하려고 노력한 작가의 의도는 발견했지만 그가 앞으로 보여주게 될 단순함과 정확함의 기질은 찾을 수가 없었다.

이번엔 〈스페인 가수(Le Chanteur espagnol)〉와 〈검을 든 소년(L'Enfant à l'épée)〉에 대해서 말해보자. 이 초기의 작품들이 바로 사람들이 마네의 후기 작품들을 공격하는 포석으로 사용하는 것들이다. 어느 스페인 사람이 녹색의 나무 의자에 앉아서 악기를 치며 노래하는 모습을 그린 〈스페인 가수〉는 훌륭하다는 평가를 받았다. 〈검을 든 소년〉은 순진하고 깜찍한 모습의 어린 소년이 끈으로 화려하게 장식된 커다란 칼을 두 손으로 들고 서 있는 작품이다. 이 두 작품은 단호하고 견고하며, 게다가 아주 섬세해서 대중의 어설픈 시각에서도 흠잡을 것이 하나도 없다. 사람들이 에두아르 마네가 스페인의 대가들을 모방했다고 말했을 때에도 이 작품에 대해선 별말이 없었다. 강렬한 힘을 부드럽게 처리한 이 어린 소년의 얼굴은 뛰어난 묘사의 전형이다. 우리의 화가가 만일 이런 식으로만 인물을 계속 그렸다면 그는 대중의 사랑과 찬사를 듬뿍 받으며 돈도 많이 벌었을 것이다. 하지만 그랬다면 우리는 그의 재능이 보여줄 저 아름다운 단순함의 미학을 결코 알지 못하게 되었을 것이다. 솔직히 고백하건대, 나는 그의 다른 작품들에 훨씬 더 호감이 간다. 나는 〈검을 든 소년〉의 엄격하고 섬세한 우아함보다 〈올랭피아〉의 솔직한 경직성과 힘차고 정확한 색상 처리를 더 선호한다.

그러나 이제부터 나는 에두아르 마네의 피와 살이라고 생각되는 작품들에 대해서만 언급을 해서는 안 될 것 같다. 우선 1863년 이탈리아인의 거리(le boulevard des Italiens)에 위치한 마르티네(Martinet) 화랑에서 난리를 일으켰던 작품들에 대해서 말해보자. 휘파람과 야유는 ― 그는 대중의 이런 행동에 곧 익숙해졌지만 ― 어느 독창성 있는 신인 화가의 도래를 알리는 신호였다. 그때 전시되었던 작품은 14점이었다. 이 중 8점은 만국박람회 때 다시 보게 될 것인데, 그 작품명들은 다음과 같다. 〈늙은 악사(Le Vieux Musicien)〉, 〈독서하는 사람(Le Liseur)〉, 〈집시들(Les Gitanos)〉, 〈소년(Un Gamin)〉, 〈발렌시아의 롤라(Lola de Valence)〉, 〈거리의 여가수(La chanteuse des rues)〉, 〈스페인 발레(Le Ballet espagnol)〉, 〈튈르리 공원의 음악회(La Musique aux Tuileries)〉.

이 작품들 중 나는 4점의 작품에 대해서만 언급하도록

하겠다. 〈발렌시아의 롤라〉는 샤를 보들레르의 4행시로 유명한데, 이 시 역시 마네의 작품만큼이나 야유와 조롱을 받았다.

우리가 도처에서 볼 수 있는 이 많은 아름다움들 사이에,
나는 알고 있다네, 친구들이여, 욕망이 꿈틀대는 것을,
우리는 볼 수 있다네, 발렌시아의 롤라에게서 반짝이는,
검은 장밋빛 보석의 예기치 못했던 매력을.

내가 이 시를 옹호하겠다고 주장하는 것은 아니지만, 그러나 내가 보기에 예술가의 개성에 운율이 더해진 이 시는 지극히 칭송을 받아 마땅하다. 내가 텍스트를 너무 강조했는지 모른다. 하지만 〈발렌시아의 롤라〉가 검은 장밋빛 보석인 건 진정 사실이다. 화가는 이때 이미 얼룩 기법만을 사용했기 때문에 그의 스페인 여자는 생생한 대비에 의해 풍요롭게 표현되었다. 작품 전체가 두 가지 색조로 덮여 있다.

내가 조금 전 언급했던 작품들 중에서 내가 가장 좋아하는 작품은 〈거리의 여가수〉다. 팡테옹(le Panthéon) 주변에서는 꽤나 알려진 어느 젊은 여인이 일종의 카페에서

종이 봉지에 든 체리를 먹고 있는 그림이다. 작품 전체가 부드럽고 밝은 회색 계열이다. 내가 보기에 이 작품에서는 사실성이 단순하면서도 아주 정확하게 분석되었다고 생각한다. 우리는 이 작품에서 무엇보다도 보는 것을 솔직하게 말하고 싶어 하는 한 남자의 의식적인 노력과 진실에 대한 탐구열을 느낀다.

나머지 두 작품인 〈스페인 발레〉와 〈튈르리 공원의 음악회〉는 화약에 불을 붙였던 것들이다. 어느 과격한 예술 애호가께서는 〈튈르리 공원의 음악회〉를 전시장에 계속 걸어놓는다면 폭력도 불사하겠다고 협박을 하기까지 했다. 나는 이 예술 애호가 선생님의 분노를 이해한다. 상상해 보라. 뙤약볕이 내리쬐는 튈르리 공원의 나무 아래 모여 있는 100여 명이 넘는 군중을. 각각의 인물은 윤곽이 겨우 보일 정도의 점들에 불과하며, 세부적인 것들은 선과 검은 점들로 표현된다. 내가 그 예술 애호가와 함께 있었다면 나는 그에게 적당한 거리에서 그 그림을 다시 보라고 부탁했을 것이다. 그러면 그는 각각의 점들이 살아 있으며, 군중이 서로 잡담을 나누고 있는 것을 보았을 것이다. 그는 이 작품이 화가의 전형적인 특징을 확인시켜 주는 것이라는 걸, 다시 말해서 이 작품은 화가가 자신의 눈과 기질에 얼마나 충실했는지를 보여주는 것인지를 알게 되었을 것이다.

1863년의 낙선자 전시회에서 에두아르 마네는 세 점의 작품을 전시했다. 그것이 핍박받은 자라는 인식 때문이었는지는 몰라도, 이 전시회에서 우리의 예술가는 그를 옹호해 주는 사람들, 심지어는 그를 존경하는 사람들까지 갖게 되었다. 그의 전시회는 아주 훌륭했다는 것을 말해야 할 것 같다. 이때 출품된 작품들이 〈풀밭에서의 점심〉, 〈마조 의상의 어느 젊은 남자의 초상화(Portrait de jeune homme en costume de majo)〉, 〈에스파다 의상의 V양 초상화(Portrait de Mlle V... en costume d'espada)〉다.

뒤의 두 작품에서는 거칢과 함께 보기 드문 생명력과 색상의 강렬함을 느낄 수 있다. 내가 보기에 이 작품들에서 화가는 평상시보다 훨씬 더 색채주의 성향을 띠고 있다. 작품에는 언제나처럼 황금색이 있지만 여기서의 황금색들은 더 엷고 번쩍인다. 얼룩처럼 표현된 점들은 진하고 에너지가 넘치면서 바탕으로부터 부각되어 화가의 개성을 강하게 인식시켜 준다.

〈풀밭에서의 점심〉은 에두아르 마네의 가장 위대한 작품으로 이 작품에서 그는 모든 화가들이 꿈꾸는 바를 실현했다. 즉 하나의 풍경 속에 자연스러운 크기로 인물들을 그려 넣은 것이다. 우리는 어떤 힘으로 그가 이 어려움을 극복했는지 알고 있다. 작품에는 나뭇잎과 나뭇가지들이 있고, 바탕의 강물에 속옷을 입은 한 여인이 몸을 담그고 있다. 전경에는 강물에서 목욕을 마치고 나온 두 번째 여인이 자연 속에서 나체로 몸을 말리고 있는데, 그녀 앞에 두 명의 젊은 남자가 앉아 있다. 이 나체의 여인이 대중의 눈살을 찌푸리게 했는데, 그들은 그림에서 이 여인만을 보았던 것이다. 맙소사, 외설스럽기도 하지! 정장을 한 두 남자 사이에 실오라기 한 올 걸치지 않은 여인이라니! 이런 건 한 번도 본 적이 없는데. 그러나 이런 생각은 커다란 잘못이다. 왜냐하면 루브르 박물관에는 옷을 입은 사람과 벌거벗은 사람들이 혼재한 그림이 50점도 넘기 때문이다. 그리고 루브르 박물관에서 이것 때문에 분개하는 사람들은 한 명도 없다. 게다가 대중은 〈풀밭에서의 점심〉을 진정한 예술 작품 평가하듯이 바라보려고 하지 않았다. 그들이 이 작품에서 오로지 목욕을 끝낸 여인과 함께 풀밭에서 식사를 하는 남자들을 보았을 뿐이며, 그래서 그들은 화가가 주제 설정에서 음란하고 유별난 의도를 부여했다고 믿었다. 하지만 화가는 단순히 생생한 대비와 명백한 작품의 구성 요소를 얻기 위해 노력했을 뿐이다. 화가들은, 특히 분석적 화가인 에두아르 마네는, 무엇보다도 대중을 고문하는 주제의 문제에 관심이 별로 없다. 그들에게 있어서 주제란 그림을 그리기 위한 하나의 핑계에 불과한 반면, 대중에게 있어서 그것은 작품을 이해하는 유일한 방식이다. 따라서 〈풀밭에서의 점심〉에 등장하는 나체 여인은 예술가에게 여인의 육체를 그리는 계기를 제공했을 뿐이다. 이 작품에서 보아야 할 것은 풀밭에서 벌어지는 점식 식사가 아니라 섬세하고 생기 넘치는 전체적 풍경이다. 탁 트이고 안정된 전경과 경쾌하고 달콤한 후경을 바탕으로 햇살을 듬뿍 받고 있는 꼿꼿하고 단아한 육체, 이 부드럽고 강한 소재들과 어우러진 속옷만 걸친 여인의 우아한 실루엣은 배경의 초록색 잎사귀들 가운데서 사랑스런 하얀 점을 만든다. 결국 이 모든 것에, 이 탁 트인 공간에, 아주 정확한 단순함으로 처리된 이 자연의 한 귀퉁이에, 이 사랑스러운 장면 전체에, 화가는 자신에게 내재되어 있던 특별하고 탁월한 요소들을 투사한 것이다.

1864년 에두아르 마네는 〈죽은 그리스도와 천사들(Le Christ mort et les Anges)〉, 그리고 〈투우(Un combat de taureaux)〉를 발표했다. 후자는 〈검을 든 소년〉과 상당히 유사한 방식의 작품이다. 이 작품은 세부적이고 치밀한 묘사로 구성되어 있어서 나는 이 작품이 전시되기 전부터 성공할 것임을 알았다. 왜냐하면 근접한 거리에서 작품 보기를 즐기는 대중도 이 작품에서는 마네의 진지한 독창성에 의한 거친 표현 방식으로 충격 받을 일이 없었기 때문이다. 하지만 나는 〈죽은 그리스도와 천사들〉을 선호한다. 이 작품에서는 시각의 정확성과 손의 대담성이란 에두아르 마네의 특징 전체가 나타나 있기 때문이다. 사람들은 이 그리스도가 그리스도 같지 않다고 한다. 그 말은 일리가 있다고 생각한다. 왜냐하면 내가 보기에도 그것은 빛을 듬뿍 받고 있는, 생생하게 표현된 시체이기 때문이다. 나는 배경의 천사들도 좋아한다. 커다란 푸른 날개를 단 이 아이들은 아주 부드럽고 우아한 기묘함을 지니고 있다.

1865년 에두아르 마네는 살롱에 다시 출품하게 되었다. 그는 〈병사들에게 조롱받는 그리스도(Christ insulté par les soldats)〉와 그의 대표작인 〈올랭피아〉를 전시했다. 내가 대표작이란 표현을 썼는데, 나는 이 말을 취소하지 않을 것이다. 나는 이 작품이야말루 진정한 그의 피와 땀이라고 강조하고 싶다. 이 작품 속에 그의 전체가 들어 있으며, 이 작품이 바로 그 자신이다. 이 작품은 그의 힘이 가장 고결하게 표현된 작품으로서 그의 천재성을 증명하는 독특한 작품으로 남을 것이다. 나는 이 작품 속에서 에두아르 마네의 개성을 읽었으며, 내가 이 예술가의 기질을 분석했을 때, 내 눈앞에는 다른 모든 그림을 응축한 이 그림만이 유일하게 남아 있었다. 빈정대는 대중이 말하는 것처럼 우리는 여기에서 에피날의 판화 한 점을 보고 있다. 하얀 침대 위에 누워 있는 올랭피아는 검은 바탕 위에 찍혀 있는 커다란 하나의 창백한 점이다. 이 검은 바탕에는 꽃다발을 들고 있는 흑인 하녀의 얼굴과 대중을 그토록 즐겁게 해줬던 그 유명한 검은 고양이가 있다. 이 작품을 처음 대하면서 우리는 작품 속에서 격렬하게 대비되는 두 가지 색조밖에는 구분하지 못한다. 세부적인 것은 아예 사라져버렸다. 이 젊은 여인의 얼굴을 보라. 입술은 가느다란 두 개의 분홍색 선이고, 눈은 검은 점선으로 축소되어 있다. 이번에는 꽃다발을 보라, 아주 가까이에서. 장미색 반점, 푸른색 반점, 녹색의 반점들이다. 모든 것이 단순화되어 있다. 그러나 만일 당신이 사실을 재구성하고 싶다면, 그저 몇 발자국만 뒤로 가라. 그러면 놀라운 일이 벌어진다. 각각의 사물은 자기의 모습을 찾는다. 올랭피아의 얼굴은 강한 입체감으로 바탕으로부터 분리되고, 꽃다발은 찬란하고 신선한 경이로움으로 변한다. 눈의 정확성과 손의 단순성이 이 기적을 만들어낸 것이다.

화가는 자연 그 자체가 그렇듯이 폭넓은 빛의 분산과 밝은 덩어리로 대상을 표현했다. 그래서 그의 작품은 약간은 거칠고 간결한 자연의 모습을 띠고 있는 것이다. 게다가 거기에는 어떤 단호함이 있는데, 그것은 예술이 심취에 의해서만 생명력을 지닌다는 것이다. 이런 단호함이 바로 내가 지적한 우아한 단조로움과 색조의 과격한 변화다. 그것은 개인적 악센트이자 작품의 독특한 맛이다. 올랭피아가 누워 있는 독창적인 하얀 침대 커버의 창백한 색조보다 더 섬세한 세련미를 갖는 것은 없다. 이 하얀 색상들의 열거 속에서 대단한 어려움이 극복되었다. 소녀의 육체 그 자체가 창백함의 매력을 지닌다는 것이다. 열여섯 살의 이 소녀는 에두아르 마네의 모델로, 그는 이 소녀의 육체를 보이는 그대로 차분하게 복사했다. 그러자 모든 사람들이 경악했다. 그들은 이 나체가 저속하다고 생각했다. 그럴 수도 있었던 것이 화가가 혼신을 다해 캔버스에 그려 넣은 이 여인의 나체는 젊지만 이미 시들어가고 있었기 때문이다. 우리의 예술가들이 비너스를 그릴 때, 그들은 자연을 수정한다. 거짓말을 하는 것이다. 에두아르 마네는 왜 거짓말을 해야 하는지, 어째서 진실을 말하지 않는지 의아해했다. 그는 우리에게 우리 시대의 여성인 올랭피아를 알게 해주었다. 그녀는 여러분이 거리에서 만나는, 얇고 빛바랜 양모 숄 속에서 그 여윈 어깨를 움츠리고 있는 그런 여인이다. 대중은 언제나 화가가 표현하려 한 것을 이해하는 데 아주 인색했다. 이 작품 속에서 철학적 의미를 찾으려는 사람들도 있었다. 외설적인 사람들은 이 작품에서 작가의 음탕한 의도를 발견했다며 즐거워했다. 사정이 이러하니 우리의 화가 선생님께서 이런 사람들에게 큰소리로 말해주십시오. 선생님은 그들이 생각하는 그런 분이 아니라고, 그리고 제발 작품을 분석을 위한 단순한 핑곗거리로 삼지 말아달라고.

우리의 화가는 나체 여인을 그리고 싶었고, 그래서 그는 첫눈에 올랭피아를 선택했다. 그는 빛을 반사하는 밝은 점들을 표현하고 싶었고, 그래서 그는 꽃다발을 하나 그려 넣었다. 그는 검은 점들을 표현하고 싶었고, 그래서 그는 구석에 흑인 하녀와 검은 고양이를 그려 넣은 것이다. 이 모든 것이 무엇을 의미하는가? 그림을 그린 화가 자신도, 해설을 하고 있는 나도 모른다. 그러나 나는 그가 위대한 화가로서 하나의 작품을 성공적으로 완성했다는 것은 안다. 그는 독특한 언어로 빛과 그림자의 진실을, 사물과 인물의 사실성을 성공적으로 해석해 냈다고 나는 말하고 싶다.

이제 나는 대중이 아직 만나지 못한 그의 최근 작품들에 대해서 말하고자 한다. 불안정한 인간의 일들을 보라. 두 번이나 연속해서 살롱에 작품을 출품했던 마네가 1866년의 살롱에서는 거부당했다. 〈올랭피아〉의 기묘한 독창성을 인정했던 사람들이 화가의 개성 전체가 들어 있는 〈피리 부는 소년〉과 〈비극 배우(L'Acteur tragique)〉를 거부한 것이다. 〈비극 배우〉는 햄릿의 복장을 한 루비에르(Rouvière)의 초상화인데, 그가 입고 있는 검은 옷은 살인 집행에 대한 고뇌를 암시한다. 나는 이렇게 섬세한 색감을 지닌, 더욱이 같은 색상으로만 묘사한 천의 질감이 이토록 사실적으로 느껴지는 그림은 거의 본 적이 없다. 하지만 내가 더 좋아하는 작품은 〈피리 부는 소년〉인데, 이 작품에서 어느 악단의 한 어린 소년이 혼신을 다해 자신의 악기를 불고 있다. 우리의 위대한 현대 풍경화가들 중 한 사람이 말하길, 이 작품은 "무대 의상업자의 광고"라고 했다. 나는 그의 의견에 동조한다. 만일 그의 말이 이 어린 음악가의 복장이 하나의 이미지로 단순하게 처리되었다는 뜻이었다면 말이다. 황금색 장식 줄, 검정에 가까운 푸른색 저고리, 붉은색 바지는 여기에서도 커다란 점들이다. 예술가의 밝고 정확한 시선에 의해서 구성된 이 단순함은 작품을 밝고 청순하며 매혹적인 것으로 만들었을 뿐만이 아니라 그것이 사실보다 더 사실적으로 느껴지게 만들었다.

유화의 물감이 이제 갓 마른 네 점의 작품으로 〈담배 피우는 사람(Le Fumeur)〉, 〈기타를 치는 여인(La Joueuse de guitare)〉, 〈마담 M의 초상화(Portrait de madame M)〉, 〈1866년의 어느 젊은 부인(Une jeune dame en 1866)〉[21]이 있다. 〈마담 M의 초상화〉는 화가의 뛰어난 작품 중 하나다. 내가 이미 말했던 것을 다시 반복해야 할 것 같은데, 이 작품 역시 극도의 단순성과 정확성, 밝고 섬세한 모습을 보여준다. 끝으로 나는 세계적인 화가 에두아르 마네가 그의 저 깊은 내면에 간직하고 있는 우아함을 〈1866년의 어느 젊은 부인〉에서 명백하게 보여주었다고 생각한다. 장밋빛 긴 가운을 입은 서 있는 어느 젊은 여인이 우아하게 머리는 기울이고서 자신의 오른손에 들고 있는 제비꽃 다발의 향기를 맡고 있다. 그녀의 왼쪽에 앵무새 한 마리가 횃대 위에서 머리를 숙이고 앉아 있다. 앵무새의 횃대는 대단히 우아하고 고급스러우며 부드럽게 보인다. 그리고 이 젊은 여인의 움직임은 말로 다 표현할 수 없을 정도로 매혹적이다. 만일 화가의 기질적인 간결함의 흔적이 작품 전체에 스며들지 않았더라면 이 작품은 너무 예쁜 그

21) 이 작품은 오늘날 〈여인과 앵무새〉라는 제목으로 우리에게 알려져 있지만 에밀 졸라가 이 글을 쓰던 1867년까지는 〈1866년의 어느 젊은 부인〉으로 불리고 있었다.

림이 되었을 것이다.

바다와 관련된 네 점의 뛰어난 작품들에 대해서 언급하는 것을 잊어버릴 뻔했다. 〈증기선(Le Steam-Boat)〉, 〈키어사지와 앨라배마의 전투(Le Combat du Kearsarge et de l'Alabama)〉, 〈한가로운 시간의 바다 전경(Vue de mer, Temps calme)〉, 〈순풍을 맞으며 도착하는 낚싯배(Bateau de pêche arrivant vent arrière)〉가 바로 그것들인데, 이 작품들에 묘사된 멋진 파도를 보면 우리의 화가가 얼마나 바다를 사랑했는지 알 수가 있다. 그리고 다행스럽게도 일곱 점의 정물화가 모든 사람들에게 명작으로 인식되기 시작했다. 에두아르 마네의 재능을 공개적으로 반박하는 사람들도 그가 정물은 잘 그린다고 인정했다. 그는 첫 발자국을 내디딘 것이다. 그의 정물화 중에서 나는 화사한 작약을 그린 〈화병(un vase de fleurs)〉을 특히 좋아하며, 〈어떤 점심 식사(Un déjeuner)〉라는 제목의 그림은 〈올랭피아〉와 함께 영원히 내 기억 속에 각인될 것이다. 화가의 정물화 역시 내가 설명하려고 노력했던 그의 재능의 메커니즘에 의해 생산된다.

지금까지 나는 에두아르 마네의 대략적인 작품들과 만국박람회에서 대중이 꼭 봐야 할 그의 작품들에 대해서 언급했다. 내가 부분적이고 간략하게나마 분석을 했던 그의 조화롭고 완벽한 작품 앞에서 대중이 그 가치를 못 알아보며 빈정댈 것이라고는 상상할 수가 없다. 그의 작품에는 너무도 많은 독창성과 인간성이 표현되어 있으며, 따라서 진실은 결국 승리하게 될 것이다. 이제 대중은 현재의 그의 작품들이 오직 6년에 걸친 노력의 결실이라는 점과 화가는 이제 겨우 33세라는 사실을 기억해야 할 것이다. 미래는 그의 것이다. 감히 나부터가 그를 현재에 가둬둘 수 없다.

## 3. 대중

나에게는 대중이 에두아르 마네의 작품 앞에서 보여준 태도를 연구하고 설명할 과제가 남아 있다. 예술가로서 그와 그의 작품들은 유명하다. 그런데 우리가 알고 있는 그 특이한 경우가 발생하는 것을 이해하려면 대중이라는 또 다른 요소를 알아야 한다. 우리가 어떤 드라마를 총체적으로 이해하려면 모든 인물의 계보와 특이한 사건의 세부적인 것들을 모두 알아야 하는 것이다.

게다가 화가에게 호의적인 경우가 단 한 번도 없었다고 믿는다면 그것도 잘못된 착각이다. 대다수의 사람들이 그는 배척하고 있지만 매일 증가되는 일부의 사람들에게 있어서 그는 재능 있는 화가다. 특히 최근에는 그에 대한 호의적인 움직임이 훨씬 많아지고 뚜렷해졌다. 만일 내가 에두아르 마네에게 우정과 존경심을 표명하는 몇몇 사람들을 거명한다면 그를 비웃는 사람들이 깜짝 놀랄 것이다. 확실한 것은 사람들이 점점 더 그를 인정하는 경향이 있다는 것이며, 나는 조만간에 이 일이 완료되기를 희망한다.

그의 동료들 중에는 아직도 아무것도 이해하지 못한 채 남들이 웃으니까 따라 웃는 눈먼 자들이 있다. 그러나 진정한 예술가들이 화가로서의 에두아르 마네의 위대한 재능을 인정하지 않았던 적은 결코 없다. 각자의 기질에 충실하면서 그들은 오직 그들이 해야만 했던 최소한의 의무만 수행했다. 그들에게 죄가 있다면, 그것은 그들이 자신들의 한 동료가, 성실하고 재능 있는 한 젊은이가 가장 합당하지 않은 방식으로 조롱당하는 것을 묵인했다는 것이다. 그들은 명백히 알고 있었기 때문에, 그들 화가들은 이 새로운 화가의 의도를 이해하고 있었기 때문에, 내 생각에 그들은 대중을 조용하게 할 의무가 있었다. 그들 중의 한 명이 일어서서 진실을 말하기를 나는 언제나 원했다. 그러나 프랑스에서, 경박함과 용기가 모두 존재하는 이 나라에서, 우리는 끔찍할 정도로 웃음거리가 되는 것을 두려워한다. 어떤 모임에서건 세 사람이 누군가를 비웃으면 모두가 그를 비웃기 시작한다. 그 자리에 조롱당하는 희생자를 옹호해야 할 의무를 지닌 사람들이 있었다 할지라도 그들은 부끄럽게도, 비겁하게도 눈길을 떨어뜨린다. 그렇게 그들은 혼자서 얼굴을 붉히며 불편해하다가 쑥스러운 미소를 짓는다. 에두아르 마네는 그가 알고 지내던 사람들이 자기 앞에서 괜스레 당황해하는 걸 호기심 있게 관찰했을 것이라고 나는 확신한다.

인기가 없던 이 예술가의 모든 이야기가 여기 있으며, 그래서 나는 어떤 자들의 비웃음과 다른 자들의 비겁함을 설명하기로 마음먹었다.

대중은 거의 언제나 아무것도 아닌 일로 웃는다. 극장에 가보라. 무대 위의 배우가 넘어지면 장내는 발작적인 기쁨으로 가득 찬다. 그다음 날에도 관객들은 이 광경을 생각하며 계속 웃을 것이다. 충분히 지적인 열 사람을 새롭고 독창적인 그림 앞에 세워놔 봐라. 그러면 이 열 명 모두가 커다란 아이들처럼 행동할 것이다. 그들은 팔꿈치로 서로를 찌르면서 세상에서 가장 희극적인 방식으로 작품에 대해 촌평을 할 것이다. 구경거리를 좋아하는 사람들이 줄지어 몰려들 것이고, 그렇게 해서 군중이 형성

될 것이다. 곧이어 대단한 소란이 벌어질 것이고, 바보 같은 짓이 시작될 것이다. 이것은 내가 꾸며내는 말이 아니다. 우리 시대의 예술사는 데캉(Decamps), 들라크루아, 쿠르베의 초기 작품 앞에도 이렇게 할일 없는 자들과 조롱하기를 즐기는 자들이 모여 있었다고 증명해 준다. 최근에 어느 작가는 오래전에 살롱에서 데캉의 작품이 나쁘지 않다고 말했다가 일군의 사람들에 의해 인정사정없이 문밖으로 쫓겨난 일이 있다고 말해주었다. 이렇게 비웃는 자들이 자꾸 기세를 올리기 때문에 파리는 아름다운 아침마다 놀림감 한 명을 더 추가하며 잠에서 깨어나는 것이다.

이것은 일종의 광란이다. 대중은 갉아먹을 뼈를 필요로 한다. 게다가 대중의 즐거움을 유지시키는 것만을 유일한 기쁨으로 느끼는 무리가 있다. 그들은 아주 멋진 방식으로 즐거움을 유지하기 위해서 화가와 작품을 공격한다. 그들의 큰 웃음은 속이 텅 빈 웃음일 뿐이다. 그것은 그저 바람일 뿐이다. 진리에 대한 최소한의 확신감도 없으며, 최소한의 배려도 없다. 예술이 처한 사태는 심각하다. 예술은 심히 권태로워하고 있다. 예술을 좀 즐겁게 해줘야 한다. 살롱에서 사람들이 비웃으며 돌아다닐 수 있을 작품을 찾아야 한다. 그들이 이상한 작품이라고 시비를 거는 그런 작품이 언제나 새로운 개성으로 잘 익은 열매다.

비웃음과 조롱의 원인을 제공했던 그 작품을 다시 보자. 작품의 이 독특한 모양이 광란적 즐거움을 야기했다. 이런 형태는 지독한 꼴불견이었고, 저런 색상은 눈물이 날 정도로 웃겼으며, 이런 선 역시 100명도 넘는 사람들을 아프게 만들었다. 대중은 오직 하나의 주제만을 보았으나 그 하나의 주제는 100여 가지의 방식으로 처리된 것이었다. 그들은 마치 어린아이들이 이미지를 보듯이 예술 작품을 감상한다. 즐기려는 목적으로, 좀 재미있어지려는 목적으로 그림을 감상한다. 그러다 무지한 자들은 확신을 갖고 작품을 조롱한다. 죽은 학교에서 예술을 공부했던 지식인들은 새로운 작품을 감상하다가 자기들의 습관적인 신념과 시각을 재발견해 내지 못하기 때문에 화를 낸다. 아무도 진지한 관점에서 보려고 생각하지 않는다. 어떤 이들은 아무것도 이해하지 못하고, 다른 이들은 비교를 한다. 모두가 잘못 보고 있어서, 웃음과 분노가 각자의 목구멍까지 치밀어 오르는 것이다.

내가 다시 반복하지만 그 모양이 이 모든 것의 원인이다. 대중은 작품 속으로 파고들려는 시도조차 하지 않는 것이다. 말하자면 그들은 그 작품의 표면에 머물러 있다.

그들을 놀라게 하고 화나게 하는 것은 작품의 내면을 구성하고 있는 것이 아니다. 그것은 그저 작품의 일반적인 외형인 것이다. 그렇기 때문에 그들은 언제나 다른 방식으로 표현된 똑같은 이미지만을 수용하는 것이다.

독창성, 그것은 하나의 커다란 허수아비에 불과하다. 우리 모두는 어느 정도, 우리도 모르는 사이에 자기의 머릿속에 들어 있는 하나의 길로만 다니는 습관적인 동물이 되어 있다. 그래서 새로운 길은 우리 모두를 두렵게 한다. 우리는 알지 못하는 낭떠러지를 직감적으로 인식하고, 앞으로 전진하기를 거부한다. 우리에게는 언제나 동일한 지평선이 필요하다. 그래서 우리는 우리가 알지 못하는 사실에 대해서 비웃거나 화를 낸다. 그렇기 때문에 우리는 순화된 용기만을 받아들이고, 우리의 습관을 교란시키는 것들은 난폭하게 거부하는 것이다. 어떤 개성이 탄생되는 순간부터 불신과 공포가 우리를 사로잡는다. 우리는 도로를 가로질러 쓰러진 나무 앞에서 놀라 뒷발로 일어서는 말들과 같다. 왜냐하면 말들은 자연을 이해하지 못하며, 그 장애물이 놓이게 된 이유도 모른다. 게다가 이 동물들은 그것들을 이해하려고 노력하지도 않는다.

그것은 오직 습관의 문제일 뿐이다. 장애물을 보지 못하면 불신과 공포는 감소한다. 그리고 우리가 화내는 것은 부끄러운 일이라는 것을 알려주면서 우리가 두려워하는 이유를 설명해 주는 친절한 행인도 언제나 있기 마련이다. 나는 에두아르 마네의 작품을 대하며 말들처럼 놀라서 두 발로 일어선 사람들에게 그저 이 행인의 하찮은 역할을 수행하고자 할 뿐이다. 예술가는 그의 허수아비 같은 재능을 발휘하기 시작했다. 그의 이런 용기에도 불구하고 성난 군중 앞에서 그는 힘이 빠져나가는 것을 느낀다. 이제는 그들이 다가와서 그들의 우스꽝스러운 공포를 이해해야 할 시간이 되었다.

이제는 사실 기다리기만 하면 된다. 내가 말했듯이 대중은 몸집만 큰 어린이들이다. 그래서 그들은 최소한의 신념도 없이 언제나 목소리가 큰 사람들의 말을 따라간다. 조롱당하다가 존경받고, 심지어는 신격화되기까지 했던 천재들의 이야기가 에두아르 마네에게도 똑같이 적용될 것이다. 그는 들라크루아나 쿠르베와 같이 대가가 될 운명을 갖고 있다. 비웃음의 폭풍이 점차 가라앉고 있는 지금, 너무 웃어서 배꼽이 아픈 대중은 진지해질 필요가 있다. 오늘이 아니라면 내일, 그의 재능은 분명히 이해되고 존경받게 될 것이다. 그리고 내가 개성 있는 작품들 앞에 선 대중의 태도를 다루는 것은, 이에 대한 연구가 바로 일반적인 관심사가 되어야 하기 때문이다.

천재적 작품을 허수아비라고 생각하는 대중의 태도를 아무도 고쳐주지 않을 것이다. 일주일 후에 에두아르 마네는 어쩌면 그들의 뇌리에서 사라지고, 새로운 인물이 그들의 조롱 대상이 될지도 모른다. 강력한 기질이 새로 부각될 때마다 여러분은 야유와 휘파람 소리를 듣게 될 것이다. 최후에 등장하는 자는 언제나 괴물이고, 집단의 달갑지 않은 말썽꾸러기다. 근래의 예술사는 이런 사실을 증명해 주고 있다. 그리고 대중이 예술 작품을 건강하게 판단할 수 있는 관점에 서기를 거부하는 이상, 우리는 이런 일이 운명적으로 반복될 것이라는 것을 아주 단순한 논리로 충분히 예견할 수 있다.

대중이 작품을 통해서 새롭고 독특한 언어로 자유롭게 번역된 자연을 찾으려고 스스로 노력하지 않는다면, 그들은 진정한 예술의 창조자들에 대해서 결코 공정할 수 없을 것이다. 그들이 들라크루아에게 야유의 휘파람을 불어댔다는 것을, 그래서 이 천재적인 예술가를 절망하게 만들었으며, 그의 가치는 그가 죽은 후에야 인정되었다는 사실을 지금 와서 생각해 보면 너무나 슬프지 아니한가? 과거에 그를 비난했던 사람들은 무엇을 생각하고 있으며, 어째서 그들은 자기들이 눈멀었고 지적이지 못했다는 사실을 소리 높여 고백하지 않는가? 그것은 하나의 교훈이었다. 어쩌면 사람들이 예술에는 공통의 기준도, 규칙도, 아무런 필연성도 존재하지 않으며, 거기에는 다만 인간의 삶이 있을 뿐이라는 걸 이해하기 시작했단 말인가? 살아 있는 예술가들이 자기의 피와 땀으로 가장 개인적이고 가장 절대적인 것을 표현해 내면서 인류의 지고한 영광을 구가해 나간다는 것을 이해하기 시작했다는 말인가? 이제부터 그들은 존경심과 호감을 가지고 자유롭고 이상한 형태의 작품을 향해 곧바로 걸어갈 것인가? 그리고 그 작품 속에서 차분하게 주의를 기울여 어떤 천재의 일면이 드러나지 않는지 연구할 것인가? 거짓의 개성으로 더듬거리며 말하는 모방작 앞을, 한두 푼짜리 손재주로 만들어낸 모든 이미지들을 경멸하면서 지나칠 수 있을 것인가? 무엇보다도 한 예술 작품을 통해 인간적인 특징, 피조물의 살아 있는 구석을, 자연의 진실 앞에 놓인 인간성의 새로운 표현을 발견하려고 할 것인가?

그러나 아무도 대중을 인도하지 않는데, 어떻게 그들이 현대의 새로운 예술을 찬양할 수 있단 말인가? 예술은 조각났다고 말할 수 있을 것 같다. 거대한 왕국이 분해되면서 작은 공화국인 군중이 형성되었다. 각각의 예술가들은 그 군중을 자기 쪽으로 끌고 오기 위해 그들에게 아부하며 그들이 좋아하는 금박으로 번쩍이고 화려한 장식이

달린 장난감을 제공한다. 예술은 이렇게 우리나라에서 커다란 제과점이 되었고, 그곳에는 모두의 입맛을 위한 사탕들이 있다. 화가들은 이제 우리의 못생긴 현대식 아파트를 장식하기 위해 일하는 보잘것없는 장식가에 불과하다. 그들 중 좀 더 낫다는 자들은 골동품상이 되어 죽은 몇몇 대가들의 솜씨를 조금씩 훔치고 있다. 진정한 창조자로 남아야 하는 풍경화가나 자연의 분석가들은 거의 존재하지 않는다. 모든 악마들의 소란을 떨어대는 자들이 바로 이 조악한 부르주아 장식업자들이다. 그들 각자는 자기만의 빈약한 이론을 내세우며, 서로 싸우고 타협한다. 아부에 익숙해진 대중은 이 화가에서 저 화가로 옮겨 다니며, 오늘은 이 화가의 아양을 즐기다가 내일은 저 화가의 가짜 예술성에 속아 넘어갈 것이다. 싸구려 상품을 찬양하며 광고하는 이 부끄럽고 조악한 상술은 부당하게도 예술의 신성한 계율이라는 이름 아래 이루어지고 있다. 향료가 가미된 빵과 과자에 새겨 넣을 여자 그림을 위해서 사람들은 재미로 그리스와 이탈리아의 예술을 들먹인다. 사람들은 예술의 아름다움을 마치 이웃집 아저씨나 자기 친구에 대해서 이야기하듯 말한다.

이런 소란의 와중 속에서 그 소란을 더욱 가중시키게 될 예술비평가란 사람들이 나타났다. 예술비평가들은 모두가 똑같은 시각에 자기만의 악기로 자기만의 곡조를 연주하면서 아주 끔찍한 굉음을 만들어내는 사람들이다. 한 사람이 색을 말하면, 두 번째 사람은 소묘를 말하고, 세 번째 사람은 분위기를 말하는 식이다. 나는 자기의 문장을 다듬는 데만 골몰하면서 각각의 작품들로부터 가능한 한 최대한으로 기괴한 묘사를 포착하는 데 만족하는 비평가들의 이름을 거명할 수 있다. 나는 또한 비평을 신파극 노래하듯이 하는 사람들도 알고 있다. 이성을 잃은 대중은 누구의 말에 귀 기울여야 하는지 모른다. 피에르는 하얗다고 말하는데, 폴은 검다고 한다. 이 사람 말을 믿으면 이 작품의 풍경을 지워야 하고, 저 사람 말을 믿으면 저 작품의 인물을 제거해야 한다. 이렇게 하다 보면 작품의 프레임만 남게 되는데, 문제는 이렇게 하는 것이 아주 뛰어난 평가 방식이라고 생각하는 것이다. 이렇게 분석의 아무런 바탕이 없다. 진실은 하나가 아니며, 완전한 것도 아니다. 그것은 아마도 사리에 맞는 횡설수설일 것이다. 각자가 서로 다른 관점으로 동일한 작품 앞에 서보자. 각자가 자기 관점에 합당한 자기만의 표현으로 판단을 내려보자.

대중은 자기들을 인도하는 의무를 지녔다고 주장하는 사람들 사이에서 얼마나 많은 의견의 불일치가 일어나는

지 알게 될 것이고, 그래서 그들은 결국 자기의 취향에 따라 존경심을 표하거나 비웃게 될 것이다. 대중은 함께 예술을 감상하는 방법도 관점도 갖고 있지 않다. 어떤 작품이 마음에 들거나 그렇지 않거나 할 뿐이다. 그리고 그들을 관찰해 보면, 그들이 마음에 들어 하는 작품들은 언제나 상투적인 것, 매년 변화가 없는 그런 작품들이다. 우리의 예술가들은 그들의 취향을 망치지 않았다. 그들에게 그렇게 무미건조한 작품을 보여주는 데, 예쁘게 미화한 거짓말을 하는 데 익숙해져 있다. 그래서 우리의 대중은 강렬한 진실의 힘을 거부하게 된 것이다. 그것은 단순한 교육의 문제다. 또 하나의 들라크루아가 나타났을 때 사람들은 야유를 퍼붓는다. 그는 왜 다른 예술가와 닮지 않았단 말인가! 프랑스의 정신은, 너무나 답답해서 내가 오늘 기꺼이 바꿔놓고 싶은 이 정신은 너무나 뒤죽박죽이다. 그것은 가장 슬픈 자들을 놀려대려는 뜨거운 목소리일 뿐이다.

어느 날 철없는 한 무리의 군중이 길거리에서 에두아르 마네를 만났다. 그를 둘러싼 그들의 야유가 객관적인 행인이었던 나를 멈추게 했다. 이런 이유로 나는 소송장을 작성하게 된 것이다. 그 무리들이 잘못했다는 것을 알리기 위해서, 그들의 손에서 예술가를 구출해야 한다는 의

무감에서, 그리고 그를 안전한 곳으로 데려가기 위해서. 그 자리에는 경찰관들이 — 아, 미안합니다. 예술비평가들이 — 있었는데, 그들은 나에게 사람들이 그에게 돌을 던지는 이유를 알려주었다. 그가 아름다움의 신전을 지나치게 더럽혔기 때문이라는 것이었다. 나는 그들에게 말해주었다. 〈올랭피아〉와 〈풀밭에서의 점심〉의 미래 위치는 의심의 여지없이 루브르 미술관으로 이미 결정되었다는 것을. 그러나 우리는 서로 동의할 수 없었다. 나는 그곳에서 물러날 수밖에 없었다. 왜냐하면 그들이 나를 성난 눈초리로 노려보기 시작했기 때문이다.

# 해설

19세기 자연주의 문학의 대가로 알려진 에밀 졸라(Émile Zola)는 미술비평가로도 활동한 바 있다. 문학에서의 업적이 워낙 지대하기 때문에 미술비평가로서의 에밀 졸라는 상대적으로 우리에게 잘 알려져 있지 않다. 하지만 그는 무명이던 마네의 예술적 가치를 최초로 인정하고 지원해 주었으며, 당시의 화단에서 인정받지 못하던 인상주의 화가들에게 전폭적인 미학적 지지를 보냈던 인물이다. 또한 안이하고 관례적인 미술비평 방식에 안주하고 있던, 하지만 당대에는 그 권위를 인정받던 집단과 개인을 향해 단호하게 공격을 가했던 인물이다. 예술과 사회적 정의를 위해 거대한 조직과의 전쟁도 서슴지 않았던 용기 있는 인물이었다. 불의에 대항하기 위해 언론을 이용할 줄 알았던 그는, 그래서 표현의 자유를 몸소 실천하며 대중을 일깨워 준 영웅이기도 하다. 이렇게 그가 19세기 프랑스 미술비평의 새로운 지평을 열어갔다는 점에서, 우리는 그를 현대 미술비평의 선구자 중 한 사람으로 인정해야 한다고 생각한다. 따라서 여기에 소개하는 에밀 졸라의 글들은 그의 미술비평이 지니는 가치를 재평가하기 위해 반드시 읽어야 할 내용들이다.

에밀 졸라의 미술비평문은 대부분이 신문 기고용이었기 때문에 단편적으로 구성되어 있다. 그의 미술비평에 대한 원칙과 방법론은 25세에서 30세 사이에 형성된 것이다. 미술비평에 대한 그의 지식은 생트뵈브(Sainte-Beuve), 에드몽 아부(Edmond About), 테오필 고티에(Théophile Gautier), 보들레르(Baudelaire), 카스타냐리(J. A. Castagnary), 프루동(P. J. Proudhon), 텐(H. Taine) 등과 같은 당대 최고의 지성들이 발표한 저술과 이론을 접하면서 축적되기 시작한 것이다. 특히 1864년에 읽게 되는 카스타냐리의 글은 졸라에게 깊은 감명과 함께 예술에 대한 몇 가지 원칙을 제공하게 된다. 그것은 예술가가 자신의 스승들로부터 독립하는 것은 필수 불가결한 사실이란 점, 현대 예술에서 풍경은 각별히 중요한 의미를 지닌다는 점, 우리의 일상생활은 예술의 중요한 소재라는 점 등이다. 훗날 졸라는 이러한 원칙들을 자신의 미술비평의 이론적 토대로 활용하게 된다. 그렇다면 에밀 졸라 자신만의 독창성은 무엇일까?

그것은 미술 작품의 주제에 대한 문제에서 출발한다. 우리는 하나의 작품이 반드시 하나의 주제를 지니고 있다고 믿는다. 그래서 우리는 작품 속에서 주제를 확인하는 순간, 그 작품을 이해했다고 믿는다. 이것이 바로 우리의 일반적인 미술 감상 방식일 것이다. 이것을 역설적으로 말하면 작품의 주제가 작품을 대변한다는 것인데, 에밀 졸라의 관점에서 보면 이것은 대단히 잘못된 것이다. 왜냐하면 주제 중심의 비평은 작가의 의도와 무관하게 작품에 어떤 줄거리나 도덕성을 부과하기 때문이다. 작품의 주제에 대한 철학적 의미 부여 행위는 경우에 따라서 예술 창작의 진실과 무관할 수도 있기 때문이라는 것이다. 그래서 그는 작품의 주제가 바로 작가의 철학이라는 사고방식은 예술의 가치를 이해하지 못하는 사람들의 변명이라고 주장하면서, 대중이 예술 작품을 어떤 주제로만 이해하고, 또 그 작품의 가치를 주제의 철학적 가치로서 평가하려는 사실에 개탄했다.

"화가들에게 있어서 주제란 그림을 그리기 위한 핑계"에 불과하다는 것이 그의 생각이다. 마네가 작품 속에 몇몇 오브제와 인물을 조합시켜 놓았다면, 그것은 마네의 철학적 사고 때문이 아니라 아름다운 색채와 대비를 이루어내고 싶다는 그의 욕망이 표현된 것이라고 에밀 졸라는 설명한다. 마찬가지 논리에 의해, 티치아노(V. Tiziano)의 작품 〈우르비노의 비너스(Venus of Urbino)〉를 모사한 것으로 알려진 마네(E. Manet)의 〈올랭피아(Olympia)〉 역시 주제적 접근으로는 이해가 불가능한 작품이다. 그가 화폭에 담은 벌거벗은 여인과 꽃다발을 든 흑인 하녀, 그리고 검은 고양이, 이것들은 또 무엇을 의미하는 것이란 말인가? 에밀 졸라의 설명에 따르면, 이 그림을 그린 마네도, 그리고 미술평론을 하는 졸라 자신도 이 그림의 철학적 의미를 모른다. 마네는 그저 하나의 예술 작품을 완성시켰을 뿐이며, 이 작품의 가치는 "미술은 색과 형태에 의해서만 흥미롭다"라는 보들레르의 말로써 충분히 설명된다는 것이 그의 입장이다. 이렇게 에밀 졸라는 미술 작품을 하나의 주제로 인식하면서 그럴듯한 철학적 의미를 부여하는 행위에 대해 매우 부정적인 입장을 취했다. 하지만 그가 예술 작품의 주제 자체를 부인한 것은 아닌 만큼 그가 선호하는 주제들이 있었다.

에밀 졸라에게 있어서 가장 훌륭한 예술적 주제는 굳이 설명할 필요가 없는 주제들, 말하자면 우리의 생활 속에서 너무도 당연하게 발견되는 삶의 현장에 대한 주제들이다. 이런 테마를 통해 그는 삶의 에너지와 진실에 대한 이야기를 발견해 내려고 했다. 그는 작품이 제공하는 생명의 소리, 냄새, 느낌 등을 통해 세상의 진실을 포착했다. 이것은 졸라에게 있어서 미술 작품을 감상한다는 것이 본다는 하나의 고립된 감각이 아니라 공감각적 교감으로서 작용한다는 것을 알게 해주는 부분이다.

자신을 순수하고 과학적이며 객관적인 분석가로 자평했던 에밀 졸라는, 하지만 그의 미술비평에서만큼은 낭만주의적인 취향을 간직한 채 이원적 예술관을 유지해 왔다. 그의 이원적 예술관은 예술의 사회적 기능과 예술의 자율성에 관한 상반된 사고를 바탕으로 형성된 것이기 때문에, 그 자체적으로 상쇄될 수 없는 내적 모순성을 간직하고 있었다. 그런데 우리가 보기에 그의 사고와 기질의 차이로부터 유발된 이 이원적 모순성 때문에, 그의 미학은 지속적인 변화를 추구할 수밖에 없었다고 생각된다. 정형화된 기존의 이론과 전통을 부정하던 그의 힘은 바로 이 이원적 미학이 제공하는 변증법적 힘이었으며, 그래서 그의 부정은 긍정이 되고, 그의 긍정은 다시 부정이 되는 것이다. 이러한 이원적 예술관 덕분에 과학적이면서도 초과학적인 그의 미학적 독창성, 즉 '하나의 예술 작품은 하나의 기질을 통해 드러나는 창조의 한 모퉁이'라는 그의 예술 작품에 대한 정의가 탄생하게 된다.

그의 미술비평은, 그것이 부정적이든 긍정적이든 간에, 화가의 '개성' 또는 '기질'을 중심으로 작품을 이해하고 설명하려 했다는 특징을 지닌다. 졸라가 즐겨 사용한 '개성'이나 '기질'이란 용어는 그것이 미술 작품의 내재적 특성을 강조한다는 차원에서 미술의 자율성 인정에 대한 문제와 연결된다. 그리고 미술의 자율성을 인정해야 한다는 졸라의 주장은 미술 작품의 미학적 가치를 작품의 내재적인 구조 속에서 찾아야 한다는 관점이 되므로, 결국 그의 미술비평은 더 이상 미술 작품의 평가 기준 설정의 차원에 머무르지 않고 그 평가 기준에 대한 인식론적 차원으로 발전해 나간다.

졸라가 주제 중심적 미술비평을 거부한 이유는 이러한 인식론적 방법에서 기인하는 것이며, 작품을 바라보는 그의 시각이 후각, 청각, 촉각 등과 교감하면서 그것을 공감각적 차원에서 이해하려 하고 있다는 것도, 그리고 그가 미술비평에 관련된 모든 규범과 수사학을 거부했던 것도 동일한 이유에서였다고 생각된다. 물론 졸라 스스로가 인식론이란 용어를 사용했다거나 이와 관련된 어떤 구체적인 언급을 한 바는 없다. 그러나 그가 비평가를 의사에 비유하면서, 비평가는 자신이 검토한 작품과 작가에 대한 내용을 "결론을 내려고 하거나, 규범을 제기하려는 시도 없이" 있는 그대로 적어야 한다고 언급한 것 자체가 지극히 인식론적이라고 아니할 수 없을 것이다. 바로 이러한 관점에서 에밀 졸라의 미술비평은 애매모호하게 정형화되어 있는 미적 판단의 법칙과 기준에 대해서 의문을 던지며 예술의 범주에서 인식론의 범주로 확대되고 있다는 것을 강조하고 싶다.

## 지은이에 대해

문학사와 예술사에 뚜렷하게 자신의 족적을 남긴 에밀 졸라는 당대 최고의 명문 대학에서 공부를 했다거나 대단한 학력을 가진 사람이 결코 아니다. 그런 기대치와는 정반대로 그의 학력은 고등학교 졸업이 다이며, 대학에 진학하지 못한 이유도 입학시험에 두 번이나 낙방했기 때문이다. 이렇게 한때는 사회의 낙오자처럼 보였던 그가 인류 역사상 가장 위대한 인물 중의 한 사람으로 각인되었다는 사실은 우리에게 그의 생애를 다시 살펴보고 싶은 충분한 이유를 제공한다.

에밀 졸라는 1840년 4월 12일 프랑스 파리에서, 프랑스인 어머니와 이탈리아인 아버지 사이에서 태어났다. 프랑스에서 토목 기사로 일하던 그의 아버지는 결혼 전에 파리에서 잠시 지낸 적이 있다. 당시 43세였던 그는 우연히 알게 된 19세의 프랑스 처녀와 결혼했고, 이렇게 하여 에밀 졸라가 태어났다. 1842년 프랑스 남동부의 엑상프로방스(Aixen-Provence)에서 운하 건설을 하게 된 그의 아버지는 가족을 데리고 그곳에 정착했으나 에밀이 7세 되던

해에 세상을 떠나고 말았다.

어린 시절의 에밀 졸라는 지극히 평범한 아이였던 것 같다. 학교에서의 성적은 들쑥날쑥했고, 공부보다는 친구와 놀기를 좋아했으니 말이다. 훗날 인상주의 화가로서 크게 유명해지는 폴 세잔(Paul Cézanne)은 당시에 그와 가장 친했던 친구였다.

점점 심해지는 생활고를 해결하기 위해 에밀의 어머니는 파리로 이사하기로 결심한다. 그래서 1858년 파리로 상경한 에밀 졸라는 그의 지역 사투리 때문에 학교 친구들로부터 놀림을 받았다. 그래서 그랬는지 모르지만 에밀 졸라는 그다음 해에 본 자연계 대학 입학시험에 실패했다. 같은 해인 1859년 11월, 그는 프랑스 남부의 마르세유(Marseille)로 가서 다시 입학시험에 응시했지만 결과는 같았다.

크게 낙심한 어머니는 그가 일자리를 찾도록 했다. 주변의 도움으로 세관의 말단직에 취직했으나 그가 받는 급여로는 집안의 생계를 제대로 꾸려갈 수가 없었다. 그는 좀 더 나은 직업을 찾기 위해 노력했고, 그렇게 2년을 고생한 끝에 아셰트(Hachette) 출판사에 취직할 수 있었다.

출판사의 일은 그의 인생에 커다란 전환점을 마련해 주었다. 이 시기에 그는 많은 책을 접하면서 자신에게 내재되어 있던 문학적 재능에 신뢰를 갖기 시작했던 것이다. 24세부터 전업 작가의 길을 걷기 시작한 그는 1865년 생리학자 클로드 베르나르(Claude Bernard)의 저서 《실험 의학 개론(Introduction à la Médecine expérimentale)》에 심취한다. 이때부터 에밀 졸라는 정신에 미치는 육체의 영향과 유전의 문제에 깊은 관심을 갖게 된다.

그의 대표작 《루공-마카르 총서, 제2제정 시대 어느 집안의 자연적 · 사회적 역사(Rougon-Macquart, Histoire naturelle et sociale d'une famille sous le Second Empire)》는 바로 이 문제를 증명하기 위해서 집필된 실험소설이다. 바로 이러한 이유 때문에 그는 자연주의의 대표적 주자로 평가되고 있으며, 이 작품집의 제7권인 《목로주점(L'Assommoir)》과 제13권인 《제르미날(Germinal)》은 자연주의 소설의 정수로 알려져 있다.

특히 작품 《제르미날》은 우선 그 제목부터가 심상치 않다. '제르미날(germinal)'이란 단어는 원래 '씨눈의'라는 뜻을 가진 형용사이며, 동시에 '파종의 달'이란 의미를 지닌 명사로도 사용된다. '제르미날'은 그래서 프랑스 혁명력으로는 일곱 번째 달인 3월 21(22)일~4월 18(19)일을 지칭하기도 한다. 이 작품의 주인공인 에티엔 랑티에는 《목로주점》의 여주인공인 제르베즈의 셋째 아들이다. 파리에서 기계공으로 일하던 그는 실직 후 북프랑스의 몽스 탄광에서 광부로 일하고 있었다. 그런데 경제공황이 시작되면서 탄광 회사는 광부들의 근무 조건을 악화시킨다. 그는 회사의 부당성에 대항하기 위해서 광부들의 파업을 선동한다. 파업이 시작되자 회사는 정부에 군대의 투입을 요청한다. 군대는 농성 중이던 노동자들을 몰아내고, 회사는 이들의 자리에 벨기에의 광부들을 투입한다. 이러한 처사에 분노한 노동자들이 군대를 습격하면서 사건은 최악의 사태로 치닫고 14명의 사상자가 발생한다.

파업은 결국 광부들의 패배로 종식되었고, 다시 일을 시작하게 된 에티엔은 연인 카트린과 함께 다시 갱 속으로 내려가게 된다. 그런데 이들이 지하 700미터 지점에 도달했을 때, 돌연 갱 내부의 받침목이 무너지는 사고가 발생한다. 파업의 실패에 분개한 무정부주의자 수바린이 갱목을 지탱하던 나무틀을 톱으로 잘라버렸던 것이다. 이 사고로 에티엔과 카트린은 갱도에 갇힌 채 3주를 보내게 된다. 죽음을 눈앞에 둔 상태에서 이들은 정사를 벌이게 되는데, 이 장면은 《목로주점》에서 추잡한 3인의 동거 생활 과정에서 태어났던 에티엔을 통해 자연주의적 관점에서 유전적 문제를 부각시키려는 작가의 의도로 생각된다. 구조대가 도착했을 때 카트린은 이미 죽어 있었다. 간신히 생명을 건진 에티엔은 건강이 회복되자마자 파리로 떠난다. 그의 상경은 노동자들의 인권을 위해 투쟁하게 될 사회주의 운동의 거룩한 태동을 암시하는 것이었다.

작품《제르미날》을 통해 짐작할 수 있듯이 에밀 졸라는 귀족적이기보다는 서민적이며, 그래서 사회적 정의를 실현하기 위해 실질적으로 투쟁을 벌인 인물로도 유명하다. 그는 특히 '드레퓌스 사건(l'affaire Dreyfus)'[22]과 관련하여, 1898년 1월 13일 〈로로르(L'Aurore)〉 신문에 〈나는 고발한다(J'accuse)〉라는 제목으로 대통령에게 보내는 공개장 형식의 논설 기고문을 발표해 프랑스 사회가 정의와 진실, 그리고 인권 옹호의 문제를 인식하도록 한 공로를 인

---

22) 1894년 10월 프랑스 육군 참모본부에 근무하던 포병 대위 드레퓌스가 독일 대사관에 군사기밀을 팔았다는 혐의로 비공개 군사법원에서 종신형을 선고받은 사건을 말한다. 문제는 그에게 뚜렷한 혐의가 없었음에도 불구하고 범인으로 지목되었다는 점인데, 그 비공식적인 이유는 그가 유태인이었기 때문이라고 한다. 1897년 11월 진범으로 에스테라지 소령이 기소되었지만, 군부는 그를 무죄 처리하고 사건을 은폐하려 했다. 1899년 대통령 특사로 석방된 드레퓌스는 1906년 최고법원으로부터 마침내 무죄판결을 받고 복직하여 승진했다. 이 사건을 계기로 프랑스의 자유주의적 지식인과 좌파 세력은 결속을 촉진하게 되었다.

정받고 있다. 하지만 그의 생전에 이러한 공로를 인정받은 것은 아니었다. 드레퓌스 사건의 부당성에 대한 기고문을 발표한 직후, 그는 프랑스 육군 참모본부에 의해 명예훼손죄로 기소되어 징역 1년에 3000프랑의 벌금을 내라는 유죄판결을 받았다. 그는 항소했고, 그해 4월 2일 고등법원은 그에 대한 유죄판결을 기각했다. 프랑스 육군 역시 고등법원의 판결에 항소했다. 에밀 졸라는 새로운 재판이 열리기 전에 변호사와 친구들의 충고에 따라 영국으로 도망을 쳐야 했다.

1899년 6월 5일 드레퓌스 대위가 대통령 특사로 석방되면서 에밀 졸라도 영국에서 프랑스로 귀국했다. 그는 다시 활동을 재개하는 듯 보였다. 그런데 1902년 9월 29일 밤 뜻밖의 사고가 발생했다. 메당(Médan)의 별장에서 여름을 보내고 파리의 아파트로 돌아온 에밀 졸라 부부는 몇 달째 비워두었던 집 안이 눅눅하다고 느꼈다. 그들은 난로를 피우고 식사를 한 후 잠자리에 들었다. 한밤중에 마담 졸라는 몸에 이상을 느끼며 잠에서 깨어났다. 그녀는 머리가 무겁고 속이 메스꺼웠다. 난로에서 발생한 일산화탄소 중독이었다. 에밀 졸라 역시 동일한 증세로 잠에서 깨어났다. 하지만 두 사람 모두 구조를 요청할 힘이 없었다. 다음 날 아침 아홉 시경 아무런 기척이 없던 방문을 하인들이 열고 들어왔다. 그들은 이미 죽어 있는 에밀 졸라와 실신한 그의 아내를 발견했다. 당시 62세였던 에밀 졸라는 이렇게 어이없는 사고로 세상을 떠났다. 1902년 10월 5일 일요일, 그의 장례식은 국장으로 치러졌으며, 그로부터 6년 뒤인 1908년 6월 6일, 그의 유해는 프랑스의 위인들이 안치되어 있는 팡테옹 신전(le Panthéon)으로 옮겨졌다. 이제 그는 프랑스의 영원한 지성으로 기억되며 존경받고 있는 것이다.

# 옮긴이에 대해

조병준은 인하대학교를 졸업하고 프랑스 루앙대학교(Université de Rouen)에서 프랑스 문학 석사와 박사 학위를 취득했다. 2023년 현재 인하대학교 프랑스언어문화학과 교수로 재직 중이다.

50편이 넘는 국내외 논문과 2편의 저서 그리고 2편의 한국문학 작품을 프랑스어로 번역하여 출판하였다. 또한 프랑스 르아브르대학교(Université du Havre)의 교환교수와 캐나다 오타와대학교(Université d'Ottawa)의 초빙교수를 역임한 바 있다.

**원서발췌 예술에 대한 글쓰기**

지은이 에밀 졸라
옮긴이 조병준
펴낸이 박영률

초판 1쇄 펴낸날 2012년 1월 20일
개정1판 1쇄 펴낸날 2025년 8월 29일

커뮤니케이션북스(주)
출판등록 제313-2007-000166호(2007년 8월 17일)
02880 서울시 성북구 성북로 5-11
전화 (02) 7474 001, 팩스 (02) 736 5047
commbooks@commbooks.com
www.commbooks.com



ISBN 979-11-430-1130-5 03600

책값은 뒤표지에 있습니다.